MIX
Papier aus verantwortungsvollen Quellen
Paper from responsible sources
FSC® C105338
FSC
www.fsc.org

Patricia Awe

Michel Tremblays „Les Chroniques du Plateau-Mont-Royal“

Eine Betrachtung der realistischen und phantastischen Elemente

Diplomica Verlag GmbH

Awe, Patricia: Michel Tremblays „Les Chroniques du Plateau-Mont-Royal": Eine Betrachtung der realistischen und phantastischen Elemente.
Hamburg, Diplomica Verlag GmbH 2013

Buch-ISBN: 978-3-8428-8391-8
PDF-eBook-ISBN: 978-3-8428-3391-3
Druck/Herstellung: Diplomica® Verlag GmbH, Hamburg, 2013

Bibliografische Information der Deutschen Nationalbibliothek:
Die Deutsche Nationalbibliothek verzeichnet diese Publikation in der Deutschen Nationalbibliografie; detaillierte bibliografische Daten sind im Internet über http://dnb.d-nb.de abrufbar.

Hermannstal 119k, 22119 Hamburg
http://www.diplomica-verlag.de, Hamburg 2013
Printed in Germany

Inhaltsverzeichnis

1. EINLEITUNG

1.1. Begründung des Themas und Struktur der Analyse

Den Durchbruch schaffte Michel Tremblay mit seinen Theaterstücken und so vielfältig sie auch sind, sind es *Les Chroniques du Plateau-Mont-Royal,* die Figuren wie Albertine, Germaine und Linda Lauzon, *la grosse femme, la duchesse* und vielen anderen, die aus viel eher entstandenen Theaterstücken bekannt sind, eine Vergangenheit geben. Damit bilden die mittlerweile sechs Bände der *Chroniques*[1] einen Anfang in vielerlei Hinsicht: Einerseits ist der erste Band, *La grosse femme d'à côté est enceinte,* der erste erfolgreiche Roman Tremblays, andererseits tragen die sechs Bände mit ihren Informationen über die Figuren zum Verständnis von Tremblays Gesamtwerk bei.

Wider Erwarten sind die *Chroniques* nicht nur eine Familiengeschichte, die in die soziale und historische Realität der 1940er und 1950er Jahre eingebettet ist, sondern sie werden ergänzt durch phantastische Elemente wie die *tricoteuses*, die mit ihrer Handarbeit das Schicksal der Bewohner der *rue Fabre* lenken und später Marcel beim Erwachsenwerden helfen. Hinzu kommt Duplessis, die wiederauferstandene Katze, die nur von einigen ausgewählten Personen gesehen werden kann. Diese Elemente werden Teil meiner Betrachtungen sein. In der vorliegenden Analyse möchte ich darstellen, wie Tremblay diese phantastischen Elemente verwendet und aufzeigen, dass sich für sie, zumindest was Marcel betrifft, logische Erklärungen finden lassen. Ziel dieser Argumentation wird es sein, zu beweisen, dass sich der realistische Effekt der *Chroniques* auch durch die phantastischen Elemente nicht verliert.

Zu diesem Zweck werde ich in einem ersten Schritt die Begriffe „Phantasie" und „Phantastik" sowie deren Anwendung in dieser Analyse erläutern, bevor ich in den dreigeteilten Hauptteil übergehe. Zunächst werde ich in dieser Dreiteilung an ausgewählten Beispielen aufzeigen, wie Michel Tremblay die Realität in die *Chroniques* einbringt. Teil meiner Betrachtungen werden der Einfluss des Zweiten Weltkrieges, die sozialen Lebensumstände der Protagonisten, ihre Sprache, die Familienstrukturen, sowie die *grosse femme* als hervorstechende Figur sein.

Anschließend werde ich darstellen, wie die Phantasie der Protagonisten zum Ausdruck kommt. Hierbei werde ich betrachten, wie ausgewählte Figuren mit Fiktion umgehen – sei es, was sie selbst gelesen haben oder Geschichten, die sie selbst erzählen. Teil dieser Betrachtungen werden auch Träume der Protagonisten sein, sowie Édouards Verhältnis zum Theater und seine Transsexualität.

---

[1] Mit *Chroniques* meine ich: Michel Tremblay, *Les Chroniques du Plateau-Mont-Royal* (Arles: Leméac/Actes Sud, 2000). Aufgrund der Länge des Titels verzichte ich darauf, ihn jedes Mal auszuschreiben.Sud, 2000). Aufgrund der Länge des Titels verzichte ich darauf, ihn jedes Mal auszuschreiben.

In einem letzten Schritt werde ich die phantastischen Elemente der *Chroniques* analysieren. Hierbei werde ich genauer auf die *tricoteuses* und die Katze Duplessis eingehen. Das Hauptaugenmerk wird dabei auf Marcels Verhältnis zu den *tricoteuses* und Duplessis legen, da sich seine Beziehung zu den genannten phantastischen Elementen von den anderen Protagonisten der *Chroniques* abhebt. Dabei werde ich logische Gründe für seine besondere Beziehung zu den genannten Figuren aufzeigen.

Abschließend werde ich die Ergebnisse meiner Analyse zusammenfassen und meinen persönlichen Standpunkt darstellen.

1.2. Begriffsklärung

Die Schlüsselbegriffe dieser Analyse sind „Realismus", „Phantasie" und „Phantastik", deren Klärung das Ziel dieses Abschnittes meiner Analyse sein soll. Für den Begriff „Realismus" bedarf es meiner Meinung nach keiner umfangreichen Erklärungen. Mit „Realismus" bzw. „realistischen Elementen" bezeichne ich im Rahmen dieser Analyse alle rational erklärbaren Ereignisse und wirklichkeitsgemäßen Darstellungen. In diese Kategorie fallen demzufolge die Lebensumstände und die Sprache der Protagonisten, sowie Zeit und Ort der Handlung.

Phantasie hingegen definiert sich wie folgt: „Aus dem gr.-lat. phantasia entlehnt, bezeichnet Phantasie ein besonderes Vermögen der Vorstellung, Einbildung, ein Vermögen der Erzeugung von geistigen Bildern und Erscheinungen" (Matzker 10). Es handelt sich also um eine Fähigkeit, über die ein Mensch verfügt. Folglich ist sich ein Mensch dessen bewusst. Dieses Bewusstsein ist der entscheidende Punkt für meine Betrachtungen: Wenn die Protagonisten wissen und verstehen, dass es sich nicht um die Realität handelt, sondern um Ereignisse, die sich – sei es bewusst (z.B.: Geschichten lesen oder erzählen) oder unbewusst (z.B.: Träume) – in ihrer oder der Vorstellungskraft anderer abspielen, ist die Bezeichnung „Phantasie" anwendbar. Ausgenommen von dieser Erklärung sind imaginäre Freunde und Halluzinationen, da sich die davon Betroffenen nicht bewusst sind, dass diese Phänomene sich nur in ihren Köpfen abspielen. Wichtig ist hierbei auch, dass beim Leser keine Zweifel darüber bleiben, dass das, was er gerade liest, Teil der Vorstellungskraft einer der Romanfiguren ist. Dies ist der entscheidende Unterschied zu den phantastischen Elementen, deren Ambivalenz dazu führt, dass beim Leser Zweifel darüber bleiben, welche der Deutungsmöglichkeiten denn nun die richtige ist. Die Hinweise auf die Phantasie-Elemente sind eindeutig und lassen keine Zweifel zu, während diese Elemente in der Phantastik fehlen oder in unterschiedliche Richtungen deuten.

Die Definitionen für Phantastik bzw. phantastische Literatur sind teilweise sehr umfangreich, da es sich bei den Phänomenen in den *Chroniques* aber nur um Elemente der Phantastik handelt, werde ich auf ausschweifende Erklärungen zur Begriffsgeschichte und Entwicklung des Genres verzichten. Ich werde vielmehr auf die grundlegende Erklärung dessen, was „phantastisch" ist, eingehen und die Merkmale der phantastischen Literatur, die auf die *Chroniques* zutreffen, erläutern.

Zunächst ist festzuhalten, dass „[...] bis heute [...] keine Einigkeit darüber [besteht], was unter dem Begriff der phantastischen Literatur überhaupt zu verstehen sei" (Durst 17) und es demnach viele Definitionsansätze gibt. Durst und Chanady hingegen sind sich aber in einem Punkt einig und dieser Punkt ist für die *Chroniques* zutreffend: „In the fantastic, supernatural beings destroy harmony of a world ruled by the norms of reason" (Chanady 3) bzw. „Für maximalistische Theoretiker umfaßt die phantastische Literatur alle erzählenden Texte, in deren fiktiver Welt die Naturgesetze verletzt werden" (Durst 29). Florence und ihre Töchter beeinflussen das Schicksal ihrer Umwelt durch ihr Handwerk. Dies ist ganz klar ein Bruch mit den Naturgesetzen, denn normalerweise zieht ein falsch gestrickter Strumpf keinen Tod nach sich. Auch für Duplessis, die verstorbene sprechende Katze, gibt es auf den ersten Blick keine logische Erklärung.

Des Weiteren ist für die phantastische Literatur von Wichtigkeit, dass „[d]as Phantastische [...] auf einem Verfremdungsverfahren [basiert], das ein reguläres Realitätssystem durch ein zweites, wunderbares Realitätssystem in Frage stellt" (Durst 116). Dieser Umstand ist in den *Chroniques* gegeben. Die *tricoteuses* leben wie die anderen Protagonisten in der *rue Fabre*. Ihr Haus wirkt auf die Bewohner des Viertels gepflegt, aber verlassen, während Marcel und Duplessis die Einrichtung wahrnehmen. Daher stellen Figuren wie Victoires Familie, die Prostituierten Mercedes und Béatrice oder auch die Nonnen der *école des Saints-Anges* das reguläre Realitätssystem, von dem Durst hier spricht, dar, während Florence und ihre Töchter das wunderbare Realitätssystem darstellen. Gleiches trifft auch auf den Kater Duplessis nach dessen Tod und Wiederauferstehung zu.

Zu den Merkmalen der Phantastik gehört die realistische Rahmenhandlung: „Just as a coherent code of the supernatural is an essential characteristic of the fantastic, a realistic framework is indispensable" (Chanady 65). Durch eine solche Rahmenhandlung werden die phantastischen Elemente besonders hervorgehoben und ihre Wirkung verstärkt. Folglich ist die mehrfache Erwähnung des phantastischen Phänomens von Nöten, um den beabsichtigten Effekt aufrecht zu erhalten: „If a supernatural event is introduced at the beginning of the narrative and not mentioned again, the effect is quickly destroyed" (Chanady 57). Auf die

Chroniques trifft dies zu, da sowohl die Katze als auch die *tricoteuses* mehrfach erwähnt und in die Handlung eingebettet sind. Ihr Verschwinden geht einher mit Marcels Erwachsenwerden, was seine besondere Verbindung zu diesen Figuren unterstreicht.

Tremblays Wahl fällt mit Absicht auf Marcel, als es darum geht, die Verbindung zwischen den phantastischen Phänomenen und der realen Welt zu schaffen. In den ersten Bänden der *Chroniques* ist Marcel ein Kind, später ist er ein jugendlicher Epileptiker, der eine spezielle Förderklasse besucht. Für den Leser bleibt der Zweifel, inwiefern Marcels Wahrnehmungen der *tricoteuses* und Duplessis wirklich unerklärlich sind oder ob diese Phänomene sich vielleicht in seiner Phantasie abspielen und er sich dessen nicht bewusst ist. Dieses Merkmal der *Chroniques* entspricht einem Merkmal der phantastischen Literatur: „The code of the supernatural can also be introduces by a minor character, whose testimony is suspect, but whose reactions are remembered by the reader when an unusual event does occur" (Chanady 80).

Auch das Ende der *Chroniques* entspricht den Merkmalen der phantastischen Literatur: „Das Ende ist nicht sinnvoll, sondern zeigt oft einen Abbruch in Tod oder Wahnsinn" (Schumacher 38). Es stirbt zwar niemand, aber Marcels Versuch, seine Mutter anzuzünden, endet damit, dass ihm ein Heimplatz zugewiesen wird. Es wird zwar nicht explizit gesagt, dass dieses Heim für Geisteskranke ist, aber der Leser kann diesen Schluss leicht ziehen. Demnach lässt sich Schumachers Feststellung auf die *Chroniques* anwenden.

2. REALISTISCHE DARSTELLUNGEN IN *LES CHRONIQUES DU PLATEAU-MONT-ROYAL*

In diesem Abschnitt meiner Analyse möchte ich auf ausgewählte realistische Elemente in *Les Chroniques du Plateau-Mont-Royal* eingehen. Die für diesen Teil ausgewählten Aspekte der realistischen Darstellung zeichnen sich dadurch aus, dass sie sich rational erklären und logisch nachvollziehen lassen. Teil meiner Betrachtungen werden hierbei der historische Zusammenhang, die sozialen Umstände, die spezielle Sprache des Plateau Mont-Royal, die familiären Strukturen sowie die *grosse femme* und ihre symbolische Bedeutung sein.

2.1. Die historische Wirklichkeit

Die 1940er und 1950er Jahre bilden den Zeitrahmen für die *Chroniques*. Demzufolge ist der Zweite Weltkrieg eine unausweichliche Größe, wenn es um die Darstellung der historischen Realität geht. Tremblay geht weniger auf die kanadische Regierung und ihre Entscheidungen ein, dafür aber auf die Konsequenzen der Kriegsteilnahme für die Bevölkerung.

Zunächst ist festzuhalten, dass „[…] die Frankokanadier mehrheitlich einer allgemeinen Wehrpflicht ablehnend gegenüber [standen]“ (Sauter 89) und demnach nicht am Krieg teilnehmen wollten: „Sollte es der Regierung gestattet sein, auch zwangsverpflichtete Truppen nach Übersee zu schicken? Zwei Drittel der Wähler gaben der Regierung freie Hand. Aber in Quebec stimmten weniger als 30 Prozent in diesem Sinne“ (Sauter 89). Auch die Protagonisten der *Chroniques* sind von dieser Entscheidung betroffen und suchen nach Möglichkeiten, nicht in den Kampf nach Europa geschickt zu werden: „T'es sûr qu'y t'ont refusé dans l'armée parce que t'as les pieds plats ? J'trouve que pour un pieds-plats, tu te fais aller en crisse ! […] T'es sûr, Gabriel, que t'as pas mis ta femme enceinte juste pour pas aller à la guerre ?“ (GF 33)[2]. Die Auseinandersetzung der Brüder zeigt, welche Gründe die Männer jener Zeit anführten, um nicht in die Armee eingezogen zu werden. Sowohl Édouard als auch Gabriel wirken angespannt und bezweifeln den Grund des jeweils anderen für die Wehrdienstverweigerung. Für Gabriel sind Édouards Senkfüße ein an den Haaren herbeigezogener Grund, während Édouard bezweifelt, dass das ungeborene Kind seines Bruders überhaupt ein Wunschkind ist. Er zieht die Möglichkeit in Betracht, dass sein Bruder dieses Kind nur gezeugt hat, um als mehrfacher Familienvater den Kriegsdienst verweigern zu können.

Im Gegensatz dazu steht Albertines Ehemann Paul, der sich trotz seiner familiären Verpflichtungen freiwillig für die Armee gemeldet hat: „[…] la guerre, à Noël 1939, ce fameux soir où Paul, le mari d'Albertine, avait annoncé qu'il venait de s'enrôler et qu'il

---

[2] Zitate aus Michel Tremblay, *La grosse femme d'à côté est enceinte* (Arles: Leméac/Actes Sud, 2000) werden im Fließtext mit GF angegeben.

risquait de partir pour l'Europe d'un jour à l'autre" (GF 81). Im ersten Augenblick ist nicht klar, warum Paul das Risiko eingeht, sein Leben im Kampf zu verlieren. Allerdings lässt sich aus den Lebensumständen der Familie (sie leben gemeinsam mit ihren Kindern in der Wohnung der Großmutter, zusammen mit Albertines Bruder und dessen Familie sowie dem allein stehenden Édouard) ableiten, dass das für den Kriegseinsatz an die Familie gezahlte Geld dringend benötigt wird:

> Car les pères de famille nombreuse n'étaient pas obligés d'aller à la guerre, sauf s'ils avaient envie de s'échapper ou s'ils était trop pauvres pour faire vivre leurs familles (la guerre souriait partout sur les affiches : « Tu me donnes ton mari, j'te donne quatre-vingts piasses par mois ! ») (GF 55/56)

Gleichzeitig wird aber auch angedeutet, dass der Kriegsdienst für Paul nur ein Mittel zum Zweck war, um eben diesen Lebensumständen zu entfliehen. Seine Frau Albertine scheint über seinen Entschluss und letztlich über seine Entsendung nach Europa nicht allzu betrübt: „[...] son mari, Paul, maintenant à la guerre Dieu merci, [...]" (GF 26). Eine derartige Reaktion der Ehefrau lässt darauf schließen, dass es um die Ehe von Paul und Albertine nicht zum besten stand. Da eine Scheidung eine Schande für beide Ehepartner dargestellt hätte und die Kirche sie nur im Fall eines Ehebruches gestattet hätte, ist Pauls freiwillige Meldung zum Kriegsdienst der einzige Ausweg aus der Ehe. Das Risiko, im Krieg zu fallen, hat er hierbei wohl außer Acht gelassen. Albertine hingegen ist sich bewusst, was der Verlust des „Ernährers der Familie" bedeuten würde. Deshalb äußert sie den Wunsch, dass Paul nur verschollen sein möge: „[...] si tu veux que je me roule à terre de joie, apprends-moé [...] que ton père est porté disparu, ou ben donc qu'on est devenus millionnaires" (TP 350)[3]. Hierbei scheint weniger die Sehnsucht nach dem Ehemann der Auslöser für Albertines Wunsch, als die Notwendigkeit seiner Anwesenheit als Hauptverdiener der Familie, andernfalls hätte Albertine den Wunsch nach dem Millionärdasein nicht auf diese Art angeschlossen. Das materielle Glück, das sich aus plötzlichem Reichtum ergeben hätte, steht auf gleicher Stufe wie Pauls mögliche Rückkehr. Daraus lässt sich schlussfolgern, dass ihr Pauls Leben und das emotionale Glück mit ihm genauso viel Wert ist wie eine Geldsumme, die sie nie besessen hat und wahrscheinlich auch nie besitzen wird. Mit Paul hingegen hat sie schon Zeit verbracht und sogar Kinder mit ihm. Sie weiß also, was seine Rückkehr in die Familie bedeuten würde. Dennoch sind die bekannten Gefühle nicht wichtiger für sie als die vermeintliche finanzielle Sorglosigkeit, die sich auf dem ihr unbekannten Reichtum ergeben würde. Letztlich erfährt der Leser, dass Paul im Krieg gefallen ist,

[3] Zitate aus Michel Tremblay, *Thérèse et Pierrette à l'école des Saints-Anges* (Arles: Leméac/Actes Sud, 2000) werden im Fließtext mit TP angegeben.

allerdings scheint Albertine eine gewissen Erleichterung über diese Tatsache zu verspüren: „[...] dans son lit de veuve de guerre qu'elle avait réappris à apprécier parce qu'elle savait son mari tant haï, enterré quelque part sur les côtes de Normandie, ne reviendrait jamais la harceler, l'humilier, la soumettre" (DR 490)[4]. Albertines Erleichterung wird nicht dadurch ausgelöst, dass sie weiß, welches Schicksal ihrem Mann widerfahren ist. Dies wäre verständlich, denn die Ungewissheit über seinen Verbleib hätte wohl immer die Hoffnung auf seine Rückkehr in den Kindern aufrechterhalten. In Albertines Fall ist es aber vielmehr eine Angst vor seiner Rückkehr, wie sich anhand der Textstelle erkennen lässt. Paul hat Albertine schon vor seinem Kriegseinsatz gedemütigt und belästigt, was sich im Falle einer Rückkehr vermutlich fortgesetzt hätte. Daher ist Albertines Erleichterung über eine ausbleibende Rückkehr Pauls nachvollziehbar.

Ähnlich wie Paul versucht auch Gérard Bleau Abstand zu seinem Leben im Montrealer Arbeiterviertel Plateau Mont-Royal zu bekommen, in dem er sich für den Wehrdienst meldet:

> Ce soir-là, au bureau d'enregistrement de l'Armée canadienne, place Viger, au champ de Mars, on vit arriver un être hirsute, titubant, visiblement paqueté, qui braillait des obscénités en se frappant la poitrine et qui exigeait une plume et de l'encre de chaque homme qu'il rencontrait, soldat ou civil. « J'veux signer, tabarnac ! J'veux signer ! Emmenez-moé avec vous autres ! Chus jeune ! Chus t'en santé ! J'ai pas les pieds plats ! S'il vous plaît, occupez-vous d'un écœurant qui veut pus rien savoir de la vie pis qui demande pas mieux que d'aller tuer du pauvre monde pour le salut de ses péchés ! J'veux signer ! Profitez-en pendant que mon nom est encore propre ! Demain, y va t'être trop tard ! Demain soir, à c't'heure-citte, l'avoir faite si vous vous occupez pas de moé ! Mon envie est trop forte pour moé pis Thérèse est trop belle ! Laissez-moé aller mourir de l'autre bord ! » Il s'écroula sur une chaise qu'on lui présentait et signa sans le lire un papier qui le condamnait à aller se battre l'autre côté des grandes eaux pendant trois longues années. (TP 317)

Gérard fühlt sich von der viel jüngeren Thérèse sexuell angezogen, wofür er keine Erklärung hat. Er spürt jedoch, dass er Thérèse etwas antun könnte, wenn er jetzt nicht auf Distanz geht. Seine extrem anmutende Wahl fällt auf den Kriegsdienst. Ich denke, dass es sich hierbei um den Versuch handelt, sich mit Hilfe der Armee eine gewisse Disziplin anzueignen und mittels der Erfahrungen im Kampfeinsatz, über die zwiespältigen Gefühle für Thérèse hinwegzukommen. Gérard zieht auch die Möglichkeit in Betracht, in Europa zu sterben. Er bettelt im *bureau d'enregistrement* förmlich um die Möglichkeit, im Krieg fallen zu dürfen, um von Thérèse loszukommen.

---

[4] Zitate aus Michel Tremblay, *La Duchesse et le Roturier* (Arles: Leméac/Actes Sud, 2000) werden im Fließtext mit DR angegeben.

Die Stimme hingegen, die Tremblay den Kriegsdienstverweigerern gibt, ist aber deutlicher als die derer, die in den Krieg ziehen. Gabriel wird – zumindest in seiner Stammkneipe – zum Fürsprecher der Kriegsdienstverweigerer:

> Si le Canada veut épauler l'Angleterre, c'est son problème ! Moé, j'ai pas envie d'aller massacrer du monde pis perdre des membres pour un pays qui a jamais rien faite pour moé ! [...] Faut sauver la France, y me semble... la mère patrie... nos racines... [...] La France ! La France qui nous a abandonnés ! La France qui nous a vendus ! Sauver la France pour qu'a'continue à nous chier sur la tête, tête, en riant de notre accent pis en venant nous péter de la broue en pleine face ! [...] J'veux pas mourir pour la France, moé ! J'veux pas non plus mourir pour le Canada ! Pis j'veux surtout pas mourir pour l'Angleterre ! (GF 117)

Der Widerstand der Quebecker gegen den Kriegseinsatz hat weniger etwas mit ihrer Friedfertigkeit als damit zu tun, dass sie es ablehnen, für Kanada in den Krieg zu ziehen. Die Männer lehnen es ab, für ein Land zu kämpfen, das ihrer Meinung nach nichts für sie getan hat. Des Weiteren sehen sie es nicht ein, ihr Leben für die Befreiung Frankreichs zu riskieren. Zwar waren es die Franzosen, die Quebec gegründet haben und somit ist Frankreich für Gabriel und seine „Stammtischbrüder" das Mutterland, aber bei ihnen sitzt der Schock über den Ausgang der *conquête* immer noch tief. Zwar haben sie den Krieg Frankreichs gegen Großbritannien auf nordamerikanischen Boden nicht erlebt, aber sie wissen, dass Quebec 1763 (Vgl. Dale)[5] britische Kolonie wurde. Ihrer Meinung nach, hat das Mutterland die Kolonie Quebec bzw. jener Zeit die *nouvelle France* dem Feind überlassen und sie damit aufgegeben. Aus diesem Grund sehen die die Männer keinen Anlass, dem ehemaligen Mutterland jetzt zu Hilfe zu eilen, genauso wenig wie sie es einsehen, sich für Kanada einzusetzen, nachdem sie in einem Volksentscheid gegen die Entsendung von Truppen gestimmt haben: „On est tu-seuls, au Canada, à avoir voté non, dans la province de Québec ! Toutes les autres provinces ont voté oui excepté nous autres !" (GF 118). Hier bindet Tremblay eine weitere historische Tatsache ein, wie der Vergleich mit Udo Sauters *Geschichte Kanadas* zeigt: „Sollte es der Regierung gestattet sein, auch zwangsverpflichtete Truppen nach Übersee zu schicken? Zwei Drittel der Wähler gaben der Regierung freie Hand. Aber in Quebec stimmten weniger als 30 Prozent in diesem Sinne" (Sauter 89).

Da im Zweiten Weltkrieg zwar kanadische Truppen zum Einsatz kamen, der Krieg selbst aber nicht auf kanadischem Boden geführt wurde, erhält Édouard erst bei seiner Frankreich-Reise einen Eindruck davon, welche Schäden der Krieg wirklich hinterlassen hat:

> Certaines des villes que nous traversons, même certains villages, ont été touchés par la guerre. Je n'ai pas le temps de détailler ce que je vois, nous allons trop vite, mais des images de fermes détruites ou pans de mur écroulés surgissent souvent entre deux bouquets d'arbres, juste assez longtemps pour me mettre mal à l'aise. On dirait la

[5] Hierbei handelt es sich um eine Internetquelle, daher ist eine Seitenangabe nicht möglich.

bombe vient d'éclater, que la poussière a à peine eu le temps retomber et je m'attends à tout bout de champ à voir surgir une ambulance de la Croix-Rouge. (NE 705)[6]

Auch wenn Édouard auf ausführliche Beschreibungen verzichtet, geht aus seinem Tagebuch hervor, wie sehr er von dem Anblick der kriegsgeschädigten Landschaft schockiert ist. Selbst 1947, also zwei Jahre nach Kriegsende, hat er immer noch den Eindruck, als lägen die Angriffe erst wenige Augenblicke zurück. Des Weiteren beschreibt er die Erfahrung, diese Gebiete selbst zu sehen, als viel ergreifender als deren Beschreibung in den Medien: „On a beau entendre parler de la guerre, lire les journaux, voir des films ou écouter les récits de ceux qui y était, rien ne peut autant souligner l'horreur qu'une ville détruite, comme rayée de la carte" (NE 700). Demnach ist die reale Erfahrung, ein ehemaliges Kriegsgebiet zu sehen, einschneidender als die eigene Vorstellung anhand von Beschreibungen. An dieser Stelle steht also Wahrnehmung über Phantasie.

Auch wenn der Zweite Weltkrieg nicht in Kanada stattgefunden hat, ist er dort doch in Form von Lebensmittelrationierungen und Knappheiten zu spüren:

« [...] Vous comprenez, c'est la guerre... J'sais pas si les épinettes sont plus rares, mais on a ben de la misère à avoir d'la p'tite bière... » « Vous aussi vous mettez toute su'l' dos d'la guerre ! Depuis trois ans on dirait que toutes les paresseux du monde se sont donné la main pour nous faire accroire qu'y'est pus possible de rien avoir rapport à la guerre ! » (GF 132)

Einerseits beschwert sich Albertine darüber, dass es aufgrund des Krieges schwierig ist, bestimmte Dinge zu besorgen und hält es auch für möglich, dass es sich dabei nur um einen Vorwand handelt. Andererseits nutzt sie die Rationierungen als Erziehungsmaßnahme für ihre Kinder und Neffen:

Faut pas oublier qu'on est en guerre ! Pensez aux p'tits Français qui ont rien à manger pis offrez ça au bon Dieu... » Thérèse soupira bruyamment. « Moman franchement, arrête de nous parler de la guerre chaque fois qu'on se met quequ'chose dans'bouche! » « J'trouve que vous l'oubliez pas mal trop vite ! On est rationné y faut pas l'oublier ! Vous savez c'que ça veut dire ! On vous l'a expliqué ! Vous êtes pas des épais ! Y faut avoir des coupons pour avoir du sucre, de la viande, du beurre... » Les enfants, qui connaissaient le refrain par cœur depuis deux ans et qui, de toute façon, n'avaient jamais été privés de rien, ne l'écoutaient déjà plus. (TP 264)

Offensichtlich hat Albertine dieses Thema schon überreizt, denn die Kinder hören ihr nicht wirklich zu, zumal sie nichts von den Rationierungen gemerkt haben. Thérèse hält ihrer Mutter sogar vor, diese „Mitleidstour" immer anzubringen, wenn die Familie isst. Sie scheint davon genervt zu sein, was wiederum Albertine dazu veranlasst, noch einmal zu betonen, welche Produkte es nur noch über Coupons gibt.

---

[6] Zitate aus Michel Tremblay, *Des nouvelles d'Édouard* (Arles: Leméac/Actes Sud, 2000) werden im Fließtext mit NE angegeben.

Alles in allem sticht die Thematik „Zweiter Weltkrieg“ in den *Chroniques* hervor. Die Bände *Le Premier Quartier de la lune* und *Un objet de beauté* spielen während der beginnenden *révolution tranquille*, auf die Tremblay aber weniger eingeht als auf den Zweiten Weltkrieg – vermutlich weil es über den Handlungszeitpunkt 1942 (Band 1 und 2) bzw. 1947 (Band 3 und die Tagebuchauszüge in Band 4) mehr zu berichten gibt als über den Handlungszeitpunkt 1952 (Band 5 und 6), der mehr eine Übergangsphase von den Kriegsjahren zu den Höhepunkten der *révolution tranquille* bildet.

2.2. Die soziale Wirklichkeit

Es ist schwierig, die soziale von der historischen Wirklichkeit zu trennen. Ich versuche es dennoch und begründe es mit der Tatsache, dass der Zweite Weltkrieg nicht nur Quebec bzw. Kanada betraf und damit das Leben vieler auf ähnliche Weise beeinflusste. In diesem Kapitel möchte ich die speziellen Quebecker Rahmenbedingungen, wie sie in den *Chroniques* beschrieben werden, behandeln. Der Fokus wird dabei auf den Sichtweisen der quebeckischen Gesellschaft liegen.

Da der Zweite Weltkrieg und der damit drohende Wehrdienst hauptsächlich die männlichen Protagonisten betrifft, möchte ich hier mit in den *Chroniques* verankerten Frauenbild der Quebecker Gesellschaft der Kriegs- und Nachkriegszeit beginnen. Die Zukunftsvisionen für die heranwachsenden Mädchen der *rue Fabre* sieht wie folgt aus: „Toutes ces filles, futures femmes au foyer, obéissantes et discrètes, parfaits produits de la religion catholique, [...]“ (TP 387). Sie werden damit das Abbild ihrer Mütter sein: Hausfrau, fromm und kinderreich.

Im Gegensatz zu dieser Darstellung steht die Mutter-Tochter-Beziehung zwischen Mercedes und ihrer Mutter. Die Mutter der Prostituierten ist kinderreich und fromm:

> [...] sa mère élevait courageusement ses huit enfants entre les deux grandes bornes qui limitaient sa vie : la prière du matin et la prière du soir, religieuse à l’excès, soumise à son curé plus qu’à son mari, confiante en la religion catholique au point d’avoir réussi à effacer en elle toute trace de caractère personnel ou de trait propre. (GF 43)

Die Religion spielt eine wichtige Rolle in ihrem Leben und das Wort des Pfarrers ist von größerer Bedeutung als das des eigenen Ehemannes. Damit ist sie das genaue Gegenteil ihrer kinderlosen Tochter, die ihren Lebensunterhalt mit Prostitution verdient. Laut Brochu ist dies der unglückliche Weg, den viele Frauen jener Zeit gegangen sind, um Unabhängigkeit zu erlangen: „La libération pour la femme, dans ce milieu et à cette époque, prend presque fatalement la forme de la prostitution“ (Brochu 2002: 171)[7]. Mercedes hat nicht nur diesen Weg gewählt, sie ist auch überzeugt davon, dass er richtig ist und versucht, Béatrice davon zu überzeugen:

> « Tu travailles pas aujourd'hui ? » « Oui. J'm'en vas travailler, là. » « Vendre ton matériel à' verge pis tes boutons de culottes ? » « Oui, pis ? » « Veux-tu faire ça toute ta vie ? » « J'vous vois v'nir avec vos gros sabots... » « T'aimes mieux vendre des boutons ? » « J'le sais pas. J'ai jamais essaye c'que vous faites. » (GF 21)

Mercedes verhöhnt ihre zukünftige Kollegin für ihre biedere Anstellung. Sie hält es für unmöglich, dass Béatrice auf Dauer den nötigen Profit und ausreichend Bestätigung aus dem Verkauf von Knöpfen ziehen wird, um ein angemessenes Leben führen zu können. Béatrices offensichtliche Verunsicherung wird noch einmal von ihrer Tante Ti-Lou, einer ehemaligen Prostituierten, verstärkt: „[...] c'est pas en restant su'a rue Fabre, au fond d'une maison de chambres, ou ben donc su'a rue Mont-Royal à vendre des boutons de culottes, que tu vas te rencontrer l'homme qui va te couvrir de beurre, de crème pis de jambon en temps de guerre !“ (GF 45/46). Für Ti-Lou kommt zum Faktor „unpassende Berufswahl“ auch noch der Faktor „Herkunft aus dem falschen Viertel“ hinzu. Béatrices Tante hält es für unmöglich, den sozialen Aufstieg zu schaffen, wenn man diese beiden negativen Faktoren auf sich vereinen kann. Beziehungen sind ihr Weg, ihren Lebensstandard in schwierigen Zeiten aufrecht zu erhalten: „Ti-Lou avait du vrai beurre, si rare en temps de guerre, mais Ti-Lou avait des connections !“ (GF 45). Diese Annehmlichkeiten sind es Ti-Lou wert, ihre alten Kontakte auszunutzen. Ti-Lous, Mercedes' und später auch Béatrices *libération*, wie Brochu es nennt, ist somit das genaue Gegenteil der von der Gesellschaft geforderten frommen Hausfrau und Mutter.

Während Ti-Lou, Mercedes und später auch Béatrice ihren Lebensunterhalt durch den Verkauf ihres Körpers verdienen, wird Sexualität von der Gesellschaft wie folgt betrachtet: „Marie-Louise Brassard [...] considérait la sexualité comme un mal nécessaire (non pas un péché mais *le* péché, le seul, l'ultime, par où les femmes doivent passer pour assurer une progéniture à la race)“ (GF 121). Marie-Louise steht hierbei stellvertretend für die ganze Gesellschaft. Bei der Sexualität handelt es sich also um ein notwendiges Übel, das für die Fortpflanzung nötig ist. Dahinter steht die so genannte *revanche des berceaux,* sprich der Gedanke, die quebeckische Rasse und damit ihre Kultur durch hohe Geburtenraten vor dem Aussterben zu bewahren. Im Widerspruch zu diesem Anliegen steht die Haltung der Gesellschaft der Schwangerschaft gegenüber:

---

[7] Um Verwechslungen zu vermeiden, werden Zitate aus André Brochu, *Rêver la lune – L'imaginaire de Michel Tremblay dans les Chroniques du Plateau Mont-Royal* (Montréal: Hurtubise HMH, 2002) im Fließtext mit Brochu 2002 angegeben.

„Attendre un bébé avait toujours été vaguement honteux pour les femmes de la ville et elles dissimulaient habituellement leur gros ventre sous un corset qui les étouffait et des vêtements très amples qui déguisaient leur silhouette!“ (GF 148). Der hervorstehende Bauch, der eine Schwangerschaft verrät, wird versteckt, da er das Zeichen für die gelebte Sünde „Sexualität“ ist.

Zwar sind viele Kinder gewünscht, aber an diesen Wunsch sind auch gewisse Vorstellungen geknüpft. So sollte eine Frau möglichst jung sein, wenn sie Kinder kriegt: „Y disent que ça prend rien qu'une cochonne pour vouloir des bébés passé quarante ans ! Y disent qu'à quarante ans une femme, ça se repose ! Qu'y'est trop tard pour commencer à laver des couches pis à élever des enfants !“ (GF 113). Die Schwangerschaft der *grosse femme* wird aufgrund des Alters der werdenden Mutter verpönt. Die Gesellschaft erwartet von einer Frau in ihrem Alter, dass sie Großmutter, aber nicht noch einmal Mutter wird. Der Umkehrschluss ist nicht, dass die *grosse femme* ihr Wunschkind erwartet, sondern dass sie „rien qu'une cochonne“ ist, was eigentlich soviel wie „schmuddelig“ bedeutet, sich aber auch auf ihr vermeintlich ausschweifendes Sexualleben anwenden lässt.

Eine Schwangerschaft an sich wird schon als *honteux* betrachtet, eine unverheiratete Schwangere hingegen sieht sich einem enormen gesellschaftlichen Druck ausgesetzt, der sie zum alleräußersten zwingt:

> Même Imelda Beausoleil qui lui avait donné Laura au début des années vingt n'avait jamais rien dit à personne. Elle avait réussi à cacher sa grossesse jusqu'à la fin et était descendue mettre l'enfant au monde à Saint-Jérôme, chez une de ses sœurs qui avait juré sur l'Évangile d'élever la petite fille comme si elle avait été sienne sans jamais rien dire à quiconque. (GF 156)

Josaphats Geliebte versteckt ihre Schwangerschaft so gut es geht und lässt nach der Entbindung ihr Kind bei ihrer Schwester. Es wäre ihr nicht möglich gewesen, als Alleinerziehende dieses Kind zu behalten. Als Umkehrschluss wäre es möglich zu behaupten, dass sie durch adäquate Verhütungsmittel gar nicht erst in diese Situation geraten wäre. Dies allerdings ließ die katholische Kirche nicht zu, wie in den *Chroniques* erwähnt wird: „Écrasées par cette religion monstrueuse qui défendait toute sorte de moyen de contraception [...]“ (GF 148).

Die Kirche war aber nicht nur im Bereich „Verhütung“ Wort führend, sondern auch verantwortlich für das Schulwesen. Ihre Autorität in diesem Bereich ist Angst einflößend wie die Reaktion der Schülerinnen zeigt: „[...] peur de voir une religieuse les montrer du doigt à l'entrée de la cour d'école si elles n'étaient pas absolument impeccables“ (TP 199). Des Weiteren gehörte körperliche Züchtigung zum Schulalltag: „Les coups de règle de la directrice étaient tristement célèbres dans toute la paroisse et personne n'avait jamais osé intervenir tant l'autorité de la directrice était définitive" (TP 205). Diese Textpassage zeigt, dass diese Erziehungsmethoden von den Eltern nicht gutgeheißen werden, aber die Autorität der Kirche zu groß ist, als dass sie sich trauen, dagegen aufzubegehren.

Wie in *Thérèse et Pierrette à l'école des Saints-Anges* dargestellt, gehen die Jungen und Mädchen in getrennte Schulen. Eine wirkliche Neuerung tritt 1947 ein, wie in *La Duchesse et le Roturier* beschrieben wird: „[...] les filles pouvaient maintenant assister à la séance des garçons, à une heure, à condition de présenter à l'entrée un billet de leur mère, le trio « Thérèse pis Pierrette » n'allait plus du tout à la séance des filles [...]" (DR 503). Die an den Schulen praktizierte Geschlechtertrennung wird bis zu diesem Zeitpunkt auch während der Filmvorführungen im Gemeindezentrum eingehalten. Die Aufhebung dieser Regelung ist für Thérèse und Pierrette eine kleine *libération*, um auf Brochu zurückzukommen. Sie lassen sich die Möglichkeiten, die sich daraus ergeben, nicht entgehen: Sie besuchen von nun an nur noch die Vorstellungen, die bisher den Jungen vorbehalten waren. Einerseits tun sie das, um diese neue Freiheit zu zelebrieren, andererseits, um Erfahrungen mit dem anderen Geschlecht zu sammeln.

Ähnlich wie seine Nichte Thérèse hat Édouard seine eigene *libération* bzw. ein Erwachen, als er in *La Duchesse et le Roturier* beginnt, seine homo- und transsexuelle Neigung auszuleben. Zunächst ist anzumerken, dass „[m]ieux admise que l'inceste, l'homosexualité est cependant un révélateur autorisant le déchiffrement d'une société et la mesure de sa tolérance" (Piccione 53). Demnach ist Homosexualität nicht gerne gesehen, wird Inzest gegenüber aber bevorzugt. Die Bedingungen, unter denen die Protagonisten Édouard und Samarcette ihre Beziehung ausleben, gestaltet sich wie folgt: „[...] j'ai fini par me crore en prison. J'sais pas pourquoi, j'me sus dit: ça y est, y nous ont pognés, Samarcette pis moi, pis y nous ont sacrßes en prison parce qu'y nous prennent pour des criminels !" (NE 637). Édouard hat offensichtlich Angst davor, für seinen Lebenswandel ins Gefängnis zu kommen. Aus dieser Textstelle ist zu entnehmen, dass der Homosexualität nicht toleriert wird und diejenigen, die sie praktizieren, von der Gesellschaft als kriminell stigmatisiert sind.

2.3. Die Sprache

Der Handlungsort der *Chroniques* ist mit Ausnahme von *Les nouvelles d'Édouard*, das zum Teil in Paris spielt, die *rue Fabre* im Montrealer Arbeiterviertel Plateau Mont-Royal. Zur Identität der Anwohner gehört ihr ganz eigener Soziolekt, das so genannte *joual.* Ein Soziolekt ist „'[...] specific to a particular social group, and which carries with it the values and status of the same group. The social group in question can be defined in terms of class ..., age, or gender – or a permutation of all three' (Hawthorne, 1992: 167)" (zitiert nach Allen 219). Diese Definition trifft auf das *joual* zu. Die in den *Chroniques* auftretenden Sprecher sind alle Bewohner des Viertels Plateau Mont-Royal und sind entweder Hausfrauen (mit Ausnahme von Claire Lemieux, Marie-Sylvia und später auch Thérèse, die im Verkauf bzw. als Bedienung tätig sind, sowie Mercedes und Béatrice, den beiden Prostituierten) oder verdienen ihren Lebensunterhalt als Schuhverkäufer, Straßenbahnfahrer oder Koch.

Des Weiteren unterscheidet sich das *joual* nicht nur vom europäischen Standardfranzösisch, sondern variiert auch innerhalb der Sprechergruppe: „Plus le parler d'un individu diffère du français standard (ce qui dépend souvent de son éducation), plus on le considère comme du joual, sans qu'il y ait pour autant de distinction claire entre le joual et le français tout simplement canadien" (Robinson)[8].

Michel Tremblay ist einer der ersten Autoren, der das *joual* für seine Theaterstücke verwendet. Das *joual* verleiht seinen Stücken Authentizität. Allerdings handelt es sich bei den *Chroniques* um Romane, in denen es nicht nur die Dialoge zwischen den Figuren, sondern auch eine Erzählinstanz gibt. In diesem Abschnitt meiner Analyse möchte ich zunächst betrachten, wie das *joual* in den sechs Romanen Anwendung findet. In einem zweiten Schritt möchte ich betrachten, wie die Protagonisten dem Thema „Sprache" gegenüberstehen.

Laut Brochu lassen sich in den *Chroniques* folgende Merkmale des *joual* nachweisen: „[...] les simples déformations de prononciation [...] les abréviations phonétiques [...] de mauvaises formations de temps verbaux [...] des expressions populaires incorrectes [...] des expressions grossières [...] des sacres [...] des anglicismes" (Brochu 2002: 22). Mindestens eines dieser Merkmale lässt sich auf die Figuren frankokanadischen Ursprungs anwenden. So verwendet die Prostituierte Mercedes beispielsweise phonetische Verkürzungen und Anglizismen: „Betty Bird, c't'un maudit beau nom. C'est ben catchy" (GF 21). Auch die ehemalige Prostituierte Ti-Lou verwendete die von Brochu umschriebenen Verkürzungen: „Fais-toé-z'en pas, y'avait plus qu'une église. Mais c'est vrai qu'y'avait juste une guidoune, par exemple : moé ! Quand chus-t'arrivée là en pleine hiver, les loups rôdaient autour de la ville... Y'en

[8] Hierbei handelt es sich um eine Internetquelle, daher ist eine Seitenangabe nicht möglich.

avaient même vu un dans une rue de Hull“ (GF 47). Daraus könnte man schlussfolgern, dass das soziale Milieu dieser Frauen Grund ihrer Ausdrucksweise ist.

Victoires Familie widerlegt diese mögliche Schlussfolgerung, da auch hier jeder das *joual* spricht. Als erstes Beispiel wäre hier Albertine zu nennen: „Que c'est ça, tout c'te train-là, à matin ! Le p'tit est pas encore habillé ? Y'a-tu mangé ?“ (GF 26). Dann ihre Tochter Thérèse: „Tais-toé pis pisse, toé!“ (GF 23). Hier wäre die Vorbildfunktion der Mutter ein Grund dafür, warum Thérèse das *joual* und kein Standardfranzösisch spricht.

In Bezug auf ihren Sprachgebrauch ist Albertines Schwägerin, die anfänglich namenlose *grosse femme* (In Band 6 heißt sie dann Nana.) widersprüchlich. Einerseits liest sie viel, u.a. auch Balzac, andererseits spiegelt sich das nicht in ihrer Sprache wider: „C'est pas une baie ouvarte. C'est pas une baie ouvarte sur l'océan, qui donne directement sur l'océan, non... c'est une baie farmée. Quand tu regardes en avant de toé, tu vois pas le large. Les deux bras de la baie se r'farment... y se touchent presque“ (GF 28). Auch ihr Sohn Richard bemerkt diese Tatsache: „Moman, franchement, tu lis Balzac, pis tu dis encore *un* banane pis *une* escalier !“ (DR 399). Es ist auffällig, dass er seine Mutter für die falsche Verwendung von Artikeln kritisiert, während er selbst „Moman“ statt „Maman“ sagt.

In den *Chroniques* gibt es aber auch Figuren, bei denen man die für das *joual* typische derbe Ausdrucksweise nicht erwartet. Eine dieser Figuren ist mère Benoîte, die Schulleiterin. Als sie Simone Côté zu sich zitiert, um sie für das fehlende Zeitschriftenabonnement zu rügen, scheint ihre Aussprache dem Standardfranzösisch zu entsprechen: „Ainsi donc mademoiselle Simone Côté, vous êtes trop pauvre pour vous abonner à *l'Estudiante* mais pas assez pour que cela vous empêche de subir une intervention chirurgicale inutile et sûrement très onéreuse !“ (TP 210). Als Simone aber aus Angst vor der Schulleiterin uriniert, verliert diese die Beherrschung: „On pisse dans mon bureau !“ (TP 211). Durch diese Ausdruckweise wirkt sie genauso gewöhnlich wie die anderen Figuren, die sie umgeben.

Selbst die *tricoteuses* und die Katze Duplessis, ihres Zeichens Teil der phantastischen Elemente, verwenden das *joual*. Bereits in der Eingangsszene von *La grosse femme d'à côté est enceinte* wird dieses deutlich: „Ouan... J'pense que c'est la première fois. [...] C'est pas comme j'veux, c'est de même“ (GF 13). Auch bei der Katze Duplessis lassen sich Charakteristika des *joual* nachweisen: „Y faut de la patience, ben de la patience... T'es pas encore prêt...“ (DR 492). Obwohl die *tricoteuses* und Duplessis Teil des phantastischen Inventars der *Chroniques* sind, ist ihr Sprachgebrauch der Realität so angepasst, dass sie sich von den anderen Figuren nicht abheben. Es ist nicht möglich, sie aufgrund ihrer Ausdrucksweise als übernatürlich oder phantastisch zu identifizieren.

Die Verwendung des *joual* bei Tremblay ist bereits aus seinen Theaterstücken bekannt. Die eigentlich Neuerung in den *Chroniques* ist, dass [...] un narrateur impersonnel s'exprime en joual!" (Brochu 2002: 22). Hierbei ist vor allem auffällig, dass die Erzählinstanz viele Anglizismen verwendet. Um nur einige zu nennen: „l'alcool cheap" (GF 39), „la head waitress" (GF 106), „le waiter" (DR 446), „le Red Light" (DR 450), „des beans mangées" (DR 508) und „le Hollywood haircut" (OB 1061)[9]. Des Weiteren verwendet der Erzähler Quebecismen, wie z.B.: „patate" (GF 71), „pinottes" (DR 572) und „bibites" (QL 959)[10]. Eine Erzählinstanz, die quasi so „spricht" wie die Protagonisten unterstreicht noch einmal die Eigenständigkeit der Quebecker Literatur.

Auch wenn Tremblay die Protagonisten das *joual* in ihren Dialogen verwenden lässt, ist mir im Laufe der Lektüre eine Ausnahme aufgefallen. Während eines Konzertbesuches sagt Germaine Giroux Folgendes: „Pour moi, y nous ont pas envoyé le vrai Tino Rossi, y nous on envoyé un dummy ! Y'est raide comme une barre pis y a l'air d'un p'tit gars de six ans !" (DR 592). Sie verzerrt „il" zu „y", „puis" zu „pis" und verkürzt „petit" zu „p'tit", sagt aber dennoch „moi" statt „moé" wie die anderen Figuren das tun. Laut Barrette ist Tino Rossi, dessen Konzert Germaine besucht hat, ein korsischer Sänger (Vgl. Barrette 350). Aufgrund seiner Herkunft dürfte Rossis Französisch eher dem europäischen Standardfranzösisch entsprechen. Da „moé" aber typisch für das gesprochene Französisch Kanadas ist, könnte man vermuten, dass Germaine auf eben dieses „moé" verzichtet, weil sie noch unter dem Eindruck des Konzertes und dementsprechend des Sängers steht, der „moi" gesagt haben dürfte.

Im Rahmen der Sprachbetrachtung stellt neben Germaine auch Édouard einen Sonderfall dar, da er sowohl als Figur als auch als Erzähler fungiert. Sein Fall ist eindeutiger und umfangreicher. Édouard verwendet das *joual* nicht nur in seinem mündlichen Sprachgebrauch, wie man an den folgenden Beispielen sehen kann: „T'entends Albertine parler même quand est partie magasiner à l'autre bout d'la ville ! [...] Al'a pas rien qu'été vaccinée avec une aiguille de gramophone, al'a aussi été engagée pour enregistrer " la voix de son maître ", mais le chien a eu peur !" (GF 32) und „Quand y veulent s'amuser, les Montréalais, y a rien pour les empêcher !" (DR 493). Er verwendet das *joual* auch in seinen Tagebuchaufzeichnungen, wie sie in *Les nouvelles d'Édouard* zu finden sind: „Ça avait l'air du beau yable" (NE 640). Vermutlich hat Édouard nie längere zusammenhängende Texte geschrieben und

[9] Zitate aus Michel Tremblay, *Un objet de beauté* (Arles: Leméac/Actes Sud, 2000) werden im Fließtext mit OB angegeben.

[10] Zitate aus Michel Tremblay, *Le Premier Quartier de la une* (Arles: Leméac/Actes Sud, 2000) werden im Fließtext mit QL angegeben.

ist es daher nicht gewohnt, zwischen Schriftsprachgebrauch und mündlichem Sprachgebrauch zu unterscheiden. Allerdings ist er sich seiner Schwierigkeiten bewusst, den Tagebuchtext im Standardfranzösisch zu verfassen:

> C'est comme ça que j'ai appris à écrire mon français à peu près correctement. Mais ça fait vingt-cinq ans de ça et – vingt-cinq ans d'habitude de parler n'importe comment ont peut-être quelque peu terni mon incomparable style et, surtout, je me demande comment je vais retrouver ce français appris pour inventer au lieu de pour décrire... (NE 631)

Aus dieser Textstelle geht hervor, dass Édouard sein Französisch dafür nutzen will, zu erfinden statt nur zu beschreiben. Auch wenn er sich hierbei eher auf die Inhalte seines an die *grosse femme* gerichteten Tagebuches bezieht, gleicht er auch seinen begrenzten Wortschatz mit Hilfe von Wortneuschöpfungen aus: „La mer houlait sur le flanc du bateau (cherchez pas le verbe houler dans le dictionnaire, je viens de l'inventer parce que j'en avais besoin) [...]" (NE 682). Als ihm der entsprechende Ausdruck fehlt, erfindet Édouard kurzerhand das onomatopoetische Wort, das das Geräusch des Meeres seiner Meinung nach am besten beschreibt.

Innerhalb der *Chroniques* ist Édouard der einzige, der während eines Paris-Aufenthaltes längeren Kontakt mit den Sprechern des europäischen Standardfranzösisch hat. Daher ist er auch der einzige Protagonist, der sich Gedanken über die Unterschiede zwischen dem Französisch Kanadas und dem Frankreichs macht. Er differenziert zwar kaum zwischen seinem schriftlichen und seinem mündlichen Sprachgebrauch, beschreibt aber die Veränderung seiner Sprache durch den Einfluss der Franzosen um ihn herum:

> Je sais pas ce qui s'est passé mais mes « r » ont changé de place dans ma bouche ! Je sais pas comment vous expliquer ça... J'essayais pas de parler comme lui. Dieu m'en garde, comme y diraient dans les romans français, mais j'étais pus capable de parler comme d'habitude... (NE 642)

Édouards Gebrauch des „r" verändert sich in der neuen Umgebung. Auch wenn er sich nicht bewusst anpasst, bemerkt er die Veränderung und berichtet in seinem Tagebuch mehrfach davon: „Mes « r » étaient retombés dans le fond de ma gorge comme si j'avais avalé un poil de moustache !" (NE 645). Der Vergleich mit dem verschluckten Barthaar zeigt, dass Édouard es als unnatürlich empfindet, dass seine Aussprache sich den Sprechern um ihn herum anpasst.

Neben der Veränderung der Aussprache finden auch Worte des europäischen Französischs Eingang in Édouards Vokabular: „« [...] J'aime mieux rester moche ! » (Vous remarquerez ici l'emploi du mot « moche », mais première expression française de France ! [...]" (NE 655). Édouard weist die *grosse femme* zwar darauf hin, dass es sich bei „moche" um eine „expression française“ handelt, erläutert ihr aber nicht deren Bedeutung. Dies lässt darauf schließen, dass das Wort bereits in seinen Wortschatz übergegangen ist und er es daher wie selbstverständlich verwendet.

Des Weiteren beschäftigt Édouard die viel diskutierte Frage, wer denn nun eigentlich den Akzent hat – die Kanadier oder die Franzosen. Anfänglich geht Édouard davon aus, dass seine französischen Bekannten nur einen anderen Akzent haben als er: „J'ai fait rire la princesse Clavet-Daudun avec mon vrai accent, tout ce qu'il me reste à espérer c'est que les Français me fassent rire avec le leur. Mais le problème c'est que j'y suis habitué alors qu'eux ne le sont pas au mien !“ (NE 679). Er spricht von „mon accent“ und „le leur“, was zeigt, dass es in seiner Betrachtung zwei Akzente gibt, statt einer Standardnorm und die Abweichung von eben dieser. Er stellt weiterhin fest, dass er sich bereits an die französische Aussprache gewöhnt hat, während seine Bekannten zu kurzen Kontakt mit seiner Aussprache hatten, um sich nicht immer noch über den Unterschied zu amüsieren. Im Laufe seines Aufenthaltes versteht Édouard jedoch, dass um ihn herum das gesprochen wird, das allgemein als Standardnorm betrachtet wird und ihm wird klar, dass er als Frankokanadier eine Minderheit in Paris darstellt:

> [...] en blaguant sur l'accent si drôle des Canadiens français. [...] J'ai eu envie de lui dire que son accent était aussi drôle pour nous mais il n'aurait peut-être pas compris. À partir de maintenant je dois accepter le fait que je suis en minorité, ici, et que c'est moi qui ai un accent. (NE 704)

Er ist also bereit, zu akzeptieren, dass aus der Sicht der Franzosen, die Frankokanadier es sind, die einen Akzent haben. Dies begründet er mit seinem Status als Minderheit. Je länger sein Aufenthalt aber dauert, desto genervter ist er davon, dass seine Art zu sprechen belächelt wird:

> [...] Chauffeur qui m'a rappelé une dernière fois à quel point mon accent le faisait rire. [...] Si y fallait qu'on éclate de rire chaque fois qu'on entend un Français parler, chez nous, on passerait pour des hystériques ! Et c'est là que j'ai réalisé qu'il ne comprenait pas un mot de ce que je disais, qu'il riait juste aux sons que je faisais ! (NE 720)

Édouard fühlt sich nicht ernst genommen und versucht dem Fahrer aufzuzeigen, dass es eben diesem an Respekt mangelt. Er, der Frankokanadier, kennt den Akzent seiner französischen Mitbürger bereits aus seiner Heimat und sieht keinen Grund, über diese Aussprache zu lachen. Seinem französischen Gegenüber hingegen fehlt diese Erfahrung; er hat zu wenig Kontakt zu Frankokanadiern, um den sprachlichen Unterschied unkommentiert zu lassen. Édouard gibt dem Fahrer zwar zu verstehen, dass er diese Bemerkungen als unhöflich empfindet, stößt aber auf taube Ohren. Er realisiert, dass der Fahrer ihn aufgrund seines Akzentes nicht versteht. Dies verdeutlicht noch einmal den Bruch zwischen dem ehemaligen Mutterland und der ehemaligen Kolonie. Es deutet außerdem an, dass Édouard in Paris auf Dauer isoliert sein wird.

In Montreal, dem Handlungsort der *Chroniques*, gibt es die Koexistenz von Englisch und Französisch. Hier gestaltet sich die Verständigungsproblematik also anders, als sie sich für Édouard während seines Paris-Aufenthaltes darstellt. Allgemein lassen die *Chroniques* eine Bevorzugung des Englischen in der Veranstaltungskultur erkennen: „[...] quand y a des si belles affaires en anglais qui jousent un peu partout à Montréal !" (DR 520). Diese Textpassage deutet darauf hin, dass es Aufführungen in englischer Sprache gibt, die für die Zuschauer interessanter sind als das französischsprachige Gegenstück. Es ist anzumerken, dass *La Duchesse et le Roturier* 1947 spielt. Zu diesem Zeitpunkt verfügte das quebeckische Theater noch nicht über die Themenbreite, wie es während und nach der *révolution tranquille* der Fall war bzw. ist. Daraus erklärt sich auch, wieso eine Filmvorführung auf Französisch so begeistert aufgenommen wird: „« Pis la semaine prochaine... la vue va être... en français ! » Totale frénésie. Cela n'arrivait que deux ou trois fois par année" (DR 509). Eine solche Vorführung ist selten und wird dementsprechend mit viel Zuspruch bedacht.

Abschließend ist zu sagen, dass „[...] la langue des Chroniques du Plateau Mont-Royal réalise un heureux équilibre entre le français littéraire et la langue populaire" (Brochu 2002: 45). Sämtliche Figuren Quebecker Herkunft sprechen das *joual* und auch die Erzählinstanz verwendet hin und wieder die Quebecismen und Anglizismen, ein typisches Merkmal des *joual*. Dies verleiht den *Chroniques* Authentizität. Die Sprache ist Teil der Identität der Protagonisten. Daher ist es auch für das Selbstverständnis der Figuren wichtig, dass sie das *joual* sprechen.

2.4. Die Familie

Wie bereits erwähnt, ist Kinderreichtum ein wichtiges Merkmal der Quebecker Gesellschaft. Folglich kommt der Familie eine große Bedeutung zu. In diesem Abschnitt meiner Analyse möchte ich auf die Familienstrukturen in den *Chroniques* eingehen. Zwar beschreibt Tremblay neben Victoires Familie besonders in *La grosse femme d'à côté est enceinte* und *Thérèse et Pierrette à l'école des Saints-Anges* noch andere Familien wie beispielsweise Rita Guérins Familie oder die Côtés, da diese aber nicht von so großem Stellenwert sind wie Victoires Familie, werden sie kein Bestandteil meiner Betrachtungen sein. Ich werde mich also auf die Familie um Victoire beschränken.

Die Familie besteht aus mehreren Generationen: Zunächst wäre da Victoire, dann ihre Kinder Gabriel, Albertine und Édouard. Hinzukommen Gabriels Ehefrau *la grosse femme*, die in Band 6 dann mit Nana bezeichnet wird, und ihre gemeinsamen Kinder Philippe und Richard, sowie das ein einziges Mal mit Namen erwähnte *enfant*, mit dem die *grosse femme* im ersten Band noch schwanger ist. Des Weiteren gibt es Albertine, deren Ehemann Paul nicht aus dem Krieg zurückkehrt, und ihre zwei Kinder Thérèse und Marcel. All diese Personen wohnen auf engstem Raum in der *rue Fabre* zusammen. Da bleibt es nicht aus, dass Zimmer geteilt werden müssen: „Richard partageait une pièce double, à l'avant de la maison, avec Victoire, sa grand-mère, et son oncle Édouard" (GF 24). Obwohl Victoire das älteste Familienmitglied und auch das Familienoberhaupt ist, beansprucht sie kein eigenes Zimmer für sich. Die sich daraus ergebende mangelnde Privatsphäre führt dazu, dass ihre Momente der Schwäche nicht unbeobachtet bleiben:

> Seuls Richard et Edouard étaient au courant de ces longues nuits où Victoire, livide, fantomatique, se levait péniblement de son lit et se promenait dans sa petite chambre en murmurant: « V'nez me charcher, mon Dieu, v'nez me charcher, ou bedon c'est moé qui va aller vous rejoindre, pis vous avez pas fini de m'entendre vous crier par la tête ! » (GF 57)

Normalerweise gibt Victoire sich als starkes Familienoberhaupt und versucht durch diese Stärke, ihre Familie zusammenzuhalten. Nachts fühlt sie sich unbeobachtet und lässt sich gehen. Anscheinend hat sie genug vom Leben und wünscht sich den Tod. Vermutlich ist ihre Gesundheit der Grund dafür: „« Vous êtes pas capable, moman, vot' jambe ! » « Ma Jambe m'a portée jusqu'au parc Lafontaine, est capable de me porter jusqu'au poêle, baptême ! Va t'assir, Bartine, pis essaye de prendre visage humain, pour l'amour du bon Dieu ! »" (GF 157/158). Inwiefern sie Schmerzen hat, die ihre Todessehnsucht erklären, geht aus dem Text nicht hervor. Klar ist allerdings, dass sie körperliche Beschwerden hat, diese aber durch ihre abweisende Art herunterspielt. Ähnlich reagiert sie, wenn sie in der Nacht von ihren Zimmergenossen ertappt wird:

> Parfois, Edouard se levait pour offrir de l'aide à sa mère mais elle le recouchait d'une seule phrase: « Si tu sentirais moins la boisson, j's'rais peut-être capable de respirer ! » ou bien : « Dors en paix, j'paye pour tes péchés ! » Quand Richard, lui, demandait timidement à sa grand-mère si elle avait besoin de quelque chose, elle était moins bête mais tout aussi ferme : « Si j'me sus tenue deboutte jusqu'à aujourd'hui, c'est parce que chus-t'encore capable ! » (GF 57)

Sie reagiert unterschiedlich auf ihre beiden Zimmergenossen. Édouard weist sie ab und erklärt ihm im gleichen Atemzug, dass sie seinen Lebensstil nicht gutheißt. Zunächst kritisiert sie den Alkoholkonsum ihres Sohnes. Des Weiteren führt sie an, für Édouards Sünden büßen zu müssen, was als ein Hinweis auf dessen sexuelle Orientierung und die damit verbundenen – in

Victoires Augen verachtenswerten – Handlungen verstanden werden kann. Ihrem Enkel Richard gegenüber ist sie nicht ganz so direkt und persönlich verletzend. Victoires Art, Richard zu sagen, dass sie sich mittlerweile so lange „deboutte“, sprich aufrecht, gehalten hat und sie auch weiterhin dazu in der Lage ist, scheint der Versuch zu sein, Richard zu beruhigen und ihm so die Sorge zu nehmen, dass er seine Großmutter verlieren könnte.

Das enge Zusammenleben beeinflusst aber nicht nur Victoire, Édouard und Richard, sondern auch Thérèse und Philippe, die in ihrer beginnenden Pubertät Interesse am anderen Geschlecht entwickeln. Die beiden Heranwachsenden übernachten im Regelfall auf dem gleichen Sofa, wobei sie die Möglichkeit haben, den Körper des jeweils anderen zu erkunden:

> Thérèse s'assit sur le bord du sofa. Philippe faisait semblant de dormir. Thérèse souleva les couvertures, se coucha à côté de son cousin et se blottit contre le corps grassouillet et doux du petit garçon. Elle colla sa bouche contre l'oreille de son cousin : « Si tu dors, ta p'tite affaire viendra pas raide ! » (GF 27/28)

Aus Thérèses Worten ist zu erkennen, dass sie eine Reaktion von Seiten Philippes erwartet, was darauf schließen lässt, dass dies nicht das erste Mal ist, dass Thérèse sich ihrem Cousine auf diese Weise nähert und sie bereits weiß, welche Reaktion normal wäre. Aus den anfänglich rein körperlichen Stimulationen entwickelt Philippe aber übertriebene Besitzansprüche: „J'voulais pas que tu donnes à quelqu'un d'autre c'que chus t'habitué que tu me donnes, à moé !“ (DR 510). Mit diesen Worten begründet er, warum er dem Filmvorführer verraten hat, dass Thérèses Erlaubnis, an der Vorführung für die Jungen teilnehmen zu dürfen, gefälscht ist. Thérèse hat während der Filmvorführung Kontakt zu anderen Jungen aufgenommen, was ganz und gar nicht in Philippes Sinn ist. Die inzestuöse Beziehung zwischen Thérèse und Philippe löst bei letzterem Eifersucht aus, was nachvollziehbar beschrieben wird, während das zu erwartende Trauma bei einem der beiden Beteiligten außen vor gelassen wird.

Das Verhältnis der Brüder Richard und Philippe ist zwar nicht inzestuös geprägt, aber dennoch schwierig:

> Quand il avait besoin d'argent, il venait brailler dans la chemise de Richard mais aussitôt que celui-ci lui avait donne une partie ou même la totalité de son avoir, Philippe disparaissait sans remerciements et repassait quelques minutes plus tard, un cornet de crème glacée ou de frites dans les mains, sans regarder son frère, « oubliant » de lui offrir une lichée ou une patate graisseuse. (GF 71)

Philippe präsentiert sich hier als sehr egoistisch. Er nutzt die Gutmütigkeit seines Bruder aus, um an Geld zu kommen, das er wiederum für eigentlich unnütze Dinge wie Eiscreme oder Pommes Frites ausgibt. Bereits in dem Moment, als er das Geld seines Bruders so gedankenlos ausgibt, denkt Philippe schon gar nicht mehr an Richard. Er beachtet seinen Bruder nicht, noch bietet er ihm an, von dem zu kosten, wofür sein Taschengeld ausgegeben wurde.

Auch wenn Albertine und die *grosse femme* keine Schwestern sind, haben sie ein mehr oder weniger gutes Verhältnis. Albertine heißt zwar die späte Schwangerschaft ihrer Schwägerin nicht gut, kümmert sich aber dennoch um die *grosse femme*, als diese zum Ende ihrer Schwangerschaft das Bett hüten muss: „Albertine retira la bassine d'entre les jambes de la grosse femme enceinte. « J'vas venir vous changer après le déjeuner. Vous devez avoir chaud sans bon sens… » La grosse femme avait froncé les sourcils. « T'es ben fine, à matin, Bartine ? » « J'vous expliquerai tout ça... »" (GF 29). Bereits hier lässt sich in Ansätzen erkennen, dass ein Vertrauensverhältnis Albertine und die *grosse femme* verbindet. Albertine wäscht ihre Schwägerin und kündigt an, ihr später etwas anzu-vertrauen. Allerdings ist Albertine keine Frau, die ihre Gedanken und Gefühle kontrolliert zum Ausdruck bringen kann. Es ist eher typisch für Albertine, dass sich ihre Gefühle unerwartet ein Ventil suchen und plötzlich aus ihr herausplatzen. Daher ist es auch für die *grosse femme* immer wieder überraschend, wenn Albertine sich ihr anvertraut: „Elle avait senti que venait une de ces rares confidences de sa belle-sœur, ces confessions courtes autant que subites qu'Albertine laissait échapper dans les endroits les plus incongrus […]" (GF 112).

Die *grosse femme* wird aber nicht nur als Vertraute geschätzt, sondern auch als Ratgeberin: „La grosse femme avait toujours été franche avec sa belle-mère et cette dernière appréciait cette franchise, disant souvent de sa bru : « Est bête, mais bête correct. Est pas comme ma fille Albertine qui a tellement peur de moé qu'al'aimerait mieux mourir plutôt que de m'avouer qu'a'vient de casser une de mes assiettes. »" (GF 75). Für Victoire ist Ehrlichkeit die wichtigste Eigenschaft der *grosse femme*. Die Tatsache, dass die *grosse femme* Victoire ehrlich sagt, was sie denkt, zeigt, dass sie keine Angst vor ihrer dominanten Schwiegermutter hat. Im Gegensatz dazu steht Albertine, die sich offensichtlich vor ihrer Mutter fürchtet und sich daher nicht traut, ihr zu gestehen, wenn ihr ein Fehler unterlaufen ist.

Innerhalb der Familie nimmt die *grosse femme* eine Sonderstellung ein – jeder vertraut sich ihr gerne an oder sucht ihren Rat, so auch Édouard: „« Assis-toé donc, Édouard, pis parle ! Ta mère dit n'importe quoi, les criquets t'énervent, que c'est qu'y a, là ! » Édouard se retourna, cala ses deux volumineuses fesses sur l'appui de bois qui plia un peu. « J'ai rencontré quelqu'un... »" (DR 466). Édouard bezieht sich mit „quelqu'un" auf Samarcette, seinen späteren Lebensgefährten. In Zeiten, in denen Homosexualität ein Tabu war, ist es ein enormer Vertrauensbeweis, den Édouard der *grosse femme* hier erweist. Im Gegensatz zur *grosse femme* wollen andere Familienmitglieder nichts mehr mit Édouard zu tun haben, nachdem dieser sich zu seiner Transsexualität bekennt: „Et de la famille de la duchesse il ne restait à peu près personne qui lui parlât encore. Sa sœur Albertine s'était fait excuser, au salon funéraire" (NE 629). Albertine hat offensichtlich mit ihrem Bruder gebrochen. Vermutlich ist es eine Schande für sie, dass ihr Bruder den Großteil seines Lebens als Kunstfigur *la duchesse* verbracht hat.

Des Weiteren muss über die Familienstrukturen gesagt werden, dass „Victoire avait mené la maison d'une main de maître pendant des années" (QL 946) und demnach für lange Zeit das Familienoberhaupt gewesen ist. Die Hierarchie innerhalb der Familie lässt sich an der Sitzordnung am Esstisch ablesen:

> Victoire trônait toujours à la même place, au beau milieu de la table, « sur la craque » comme disait Albertine, les bouts étant réservés aux deux pères de la maison : Gabriel et Paul. Depuis que Paul était parti à la guerre, Albertine, sa femme, s'était emparée de sa place d'une façon tellement impérative que Richard s'est mis à l'appeler « mon oncle Albertine ». (GF 30)

Ähnlich wie Victoire nach Télésphores Tod übernimmt Albertine Pauls Position innerhalb der Familie, nachdem dieser sich für den Kriegsdienst gemeldet hat. Zeitweise strahlt Albertine in dieser Position eine große Autorität aus, so dass ihr Neffe sie mit „mon oncle" betitelt. Dieser scherzhafte Titel drückt dennoch aus, dass Richard seiner Tante Respekt entgegenbringt.

Die Familienstrukturen lösen sich nach Victoires Tod auf. Während Édouard es vorzieht, sein Glück in der Travestie zu suchen, ziehen die einzelnen Familien aus der gemeinsamen Wohnung aus. Nach ihrer Heirat will Thérèse diese alte Ordnung wenigstens halbwegs wiederherstellen, indem sie die alte Wohnung in der *rue Fabre* erneut anmietet und ihre Mutter und ihren Bruder dazu auffordert, dort zusammen mit ihr einzuziehen. Dieses Unternehmen scheitert aber:

> [...] d'avoir obligé ma mère, pis mon mari, pis mon enfant, pis mon frère, à déménager parce que je pensais que ça nous ferait du bien, à tout le monde, de revenir en arrière, pis d'essayer de tout recommencer en neuf ! Ça a pas marché, ça a fouerré comme chaque fois que quelqu'un de c'te maudite famille-là essaye de faire quequ'chose. (OB 1153/1154)

Zwar gelingt es Thérèse, ihre Mutter und ihren Bruder zum Einzug zu bewegen, aber es gibt bereits bei der Zimmerverteilung Streit. Wider besseren Wissens hat Thérèse diese Familienzusammenführung wahr gemacht und musste ihren Traum scheitern sehen. Die gemeinsame Rückkehr Thérèses mit ihrem Ehemann, ihrer Tochter, ihrer Mutter und ihrem Bruder in die Wohnung, in der sie ihre Kindheit verbracht hat, kann als der Versuch betrachtet werden, die quebeckische Idee von der Großfamilie zu leben. In diesem Falle hätte Thérèse sich als Familienoberhaupt verstehen können, denn sie hat die Wohnung gemietet und es war ihr Vorschlag, mit all diesen Personen dort zu wohnen. Notgedrungen wohnen alle diese Familienmitglieder dann auch wieder zusammen, aber die Ordnung wie sie unter Victoire geherrscht hat, kann nicht wiederhergestellt werden. Zunächst fehlt die *grosse femme*, die zu Victoires Zeiten eine Art Vermittlerrolle zwischen den einzelnen Figuren eingenommen hat und dann versucht Marcel, nach dem Tod der *grosse femme*, seine Mutter anzuzünden, was zur Folge hat, dass er in ein Heim muss. Somit bleibt in der *rue Fabre* keineswegs eine glückliche Großfamilie zurück, wie sie in der Quebecker Literatur oftmals idealisiert worden ist zurück.

Zusammenfassend ist zu sagen, dass die Familie zu den realistischen Elementen gezählt wird, da es innerhalb der Beschreibungen keine unerklärlichen Phänomene gibt. Allerdings stellt die Beschreibung von Victoires Familie das Gegenteil zur traditionellen Beschreibung der Familie in der Quebecker Literatur dar. In den *Chroniques* werden, statt einer idealisierten Darstellung der Großfamilie, auch die negativen Seiten des großfamiliären Zusammenlebens geschildert oder wie Ertler es formuliert: „[...] diese Familienverhältnisse [werden] von der Erzählung aufgegriffen und ad absurdum geführt, indem die sonderlichen psychischen Ausprägungen der einzelnen Familienmitglieder als Folge der erdrückenden und düsteren Kommunikationssituation zur Darstellung kommen“ (Ertler 196).

2.5. *La grosse femme* – Leben und Sterben des Fortschritts?

Nach der Beschreibung der sozialen und familiären Umstände, in denen die Protagonisten der *Chroniques* leben, möchte ich nun eine hervorstechende Figur analysieren: *la grosse femme*. Im Laufe meiner Betrachtungen möchte ich zeigen, dass sie innerhalb der realistischen Darstellung den Fortschritt symbolisiert.

Zunächst ist anzumerken, dass die *grosse femme* sich mit ihrer Entscheidung zu einer Schwangerschaft mit über 40 deutlich von dem Standpunkt ihrer Zeitgenossen abhebt: „Si vous aviez pas décidé d'avoir un bébé à votre âge, aussi!“ (GF 29). Späte Schwangerschaften, wie sie heute durchaus üblich sind, waren zu jener Zeit selten. Es wurde viel mehr erwartet, dass Frauen jenseits der 40 bereits Großmutter und nicht noch einmal Mutter werden: „Vous avez voulu avoir un bébé à l'âge oùsque les autres femmes commencent à être grands-mères, [...]“ (GF 85). Hinzukommt, dass die *grosse femme* nicht mangels adäquater Verhütungsmittel so spät noch einmal Mutter wird, sondern sich ganz bewusst für dieses Kind entschieden hat: „J'le veux tellement, c't'enfant-là !“ (GF 30). Hierbei bleibt jedoch offen, ob sie dieses Kind aus Liebe zu ihrem Mann will oder ob sie so versucht, die Lücke zu schließen, die der Tod ihrer Tochter Denise hinterlassen hat. Nichtsdestotrotz entspringt ihr Kinderwunsch nicht nur dem zeitgenössischen Wunsch, zur *revanche des berceaux* beizutragen, sondern aus dem persönlichen Bedürfnis heraus, ihre Familie zu erweitern.

Dies erklärt auch einen weiteren Tabubruch: Die *grosse femme* ist nicht die einzige Schwangere im ersten Band. Zeitgleich mit ihr sind sechs weitere Frauen schwanger – allerdings zum ersten Mal, während die *grosse femme* ja bereits zwei Söhne und eine verstorbene Tochter hat. Statt jedoch, wie es üblich war, das Thema „Schwangerschaft" nicht anzuschneiden, bittet die *grosse femme* die anderen Schwangeren zu sich und möchte mit ihnen darüber sprechen, vielleicht auch ihre Erfahrungen teilen:

> « Montez! Montez ! V'nez jaser! [...] Moé aussi j'attends un bébé comme vous autres... V'nez, on va en parler... » [...] Mais elle [Marie-Louise Brassard] traversa quand même la rue en essayant de dissimuler sa grossesse sous une veste de laine qu'elle portait sur son bras. Discrètement, le balcon se vida pour laisser la place aux femmes enceintes. La famille de la grosse femme disparut dans la maison [...]. (GF 186)

Obwohl es Marie-Louise offensichtlich peinlich ist, in ihrem Zustand über die Straße zu gehen, nimmt sie das Angebot der *grosse femme* an – vermutlich, weil sie selbst nicht aufgeklärt genug ist, um zu wissen, wie ihr Kind auf die Welt kommen wird (Vgl. GF 122). Die anderen Familienmitglieder ziehen sich zurück, weil sie den sieben schwangeren Frauen Raum für ihr Gespräch lassen wollen. Durch ihr Angebot, über die Schwangerschaft zu sprechen, wird die *grosse femme* zum „[...] l'archétype maternel [...]" (Brochu 2002: 139) und dementsprechend zur „[...] mère symbolique de six femmes enceintes, la mère des mères" (Brochu 2002: 139/140). Sie gibt den jungen und verunsicherten werdenden Müttern die Chance, die notwendigen Informationen zu sammeln, die sie anderswo nicht kriegen würden, da Themen wie Schwangerschaft und Entbindung von der Gesellschaft tabuisiert sind.

Nicht verwunderlich ist angesichts der bisher aufgezeigten Brüche mit den gängigen Konventionen, dass die *grosse femme* ein anderes Verhältnis zu Sex und Sexualität hat als ihre Zeitgenossen. Auch hier ist sie weniger konservativ als die Mehrheit der bereits von mir charakterisierten Gesellschaft: „Albertine passait et repassait devant la porte fermée de la chambre de Gabriel et de la grosse femme. « À leur âge, franchement ! Pis elle qui est enceinte de quasiment huit mois ! Des fois, j'me d'mande si chus pas entourée par une gang de cochons... »" (GF 85). Trotz des fortgeschrittenen Stadiums ihrer Schwangerschaft schläft die *grosse femme* mit Gabriel. Dies entspricht nicht der gängigen Vorstellung von Vermehrung als einzigem Ziel des Beischlafes. Demzufolge scheinen die Beteiligten ihren Sex ohne Scham zu genießen: „Vous avez pas le droit d'aimer ça ! Vous avez pas le droit! Pas dans ma face ! Pas tant que chus là ! Vous avez toutes les nuits pour cacher vos cochonneries, laissez-moé donc mes journées!" (GF 87). Aus beiden Zitaten geht hervor, dass Gabriel und seine Frau zu Albertines Entsetzen auch nicht darauf warten, dass es Nacht wird, um miteinander zu schlafen. Durch ihren liberalen Umgang mit ihrer Sexualität hebt sich die *grosse femme* deutlich von ihrem Umfeld ab und kann in gewisser Weise als fortschrittlich betrachtet werden. Sie unterwirft sich nicht den gängigen Konventionen, sondern lebt ihre Sexualität aus – untypisch für ihre Zeit, durchaus üblich für die Gegenwart.

Neben ihrer Aufgeschlossenheit gegenüber ihrer eigenen Sexualität, sind auch Édouards homo- und transsexuelle Neigungen für sie von Interesse. Für Édouard ist sie mit ihrer Einstellung der einzige Ansprechpartner und er nutzt die Offenheit seiner Schwägerin, um über seine Gefühle für Samarcette zu sprechen:

> « Si vous voulez pas que j'en parle... » [...] « On n'a jamais reparlé... de ça... depuis la fois... Mais j'y ai ben repensé, Édouard, pis ça me rentre pas dans'tête... J'veux dire... J'comprends que ça existe mais... j'arrive pas à trouver comment vous faites ça... » [...] Et il parla, à voix basse [...] de l'effet que tout cela lui avait fait, de la gentillesse de l'acrobate et, aussi, de ses hésitations devant la gêne de son nouvel ami qui avait honte de son état et avait une peur bleue que « ça » se sache : « [...] Le public, lui, y crie des bêtises en le traitant de tou'es noms possibles imaginables parce qu'y porte un costume rose mais quand vient le temps d'en parier vraiment... Y se sauve pis j'me r'trouve devant rien ! (DR 466)

Während die meisten in Édouards und Samarcettes direktem Umfeld deren Lebensstil entweder ignorieren oder nur hämische Worte dafür übrig haben, ist die Neugier der *grosse femme* geweckt. Im Laufe des Gesprächs mit Édouard wird klar, dass die Vorstellungskraft der *grosse femme* in Bezug auf Édouard und Samarcette begrenzt ist. Für sie ist es unvorstellbar, wie zwei Männer „ça" machen. Hiermit ist der Sex zwischen den beiden Männern gemeint. Statt jedoch das Thema unter den Tisch zu kehren, fragt sie nach:

> « Tu m'as toujours pas dit comment vous faites ça, Édouard. » Lorsqu'il le lui dit, expliquant le moindre détail [...] elle porta la main à son cœur [...] « Vous vous sentez pas bien ? » « Non, non, c'est correct... C'est juste... que ça me surprend... » « Pensez-vous que c'est mal, vous aussi ? » [...] « J'ai été élevée comme tout le monde à prendre ça pour un ben grand péché, Édouard, peut-être même le plus grand. À l'école, dans nos livres, tu t'en rappelles, y appelaient ça une abomination sans même expliquer pourquoi, sans expliquer c'que c'était, surtout... Moé, j'ai beaucoup lu... Des fois, dans les romans français pis dans les romans anglais, y en parlent, mais à mots couverts... Y faut que tu te creuses un peu la tête pour comprendre, pis même, des fois, t'es pas trop sûr... Parsonne m'en avait jamais parlé comme tu viens de le faire... J'sais pas quoi te dire, Édouard, faut que j'y pense... Faut que j'm'habitue... (DR 467)

Demzufolge ist die *grosse femme* durch ihre Erziehung dazu angehalten, homosexuelle Beziehungen als Sünde zu betrachten, aber sie ist bereit, sich an die Vorstellung zu gewöhnen. Dies steht symbolisch für den Umgang der Gesellschaft mit Homosexualität: Nach jahrelangem Totschweigen dieser sexuellen Neigung hat sich die Gesellschaft soweit daran „gewöhnt", dass mittlerweile die so genannte „Homo-Ehe" auch in Kanada diskutiert wird. Demnach ist die *grosse femme* im Umgang mit ihrem homosexuellen Schwager ihrer Zeit voraus und kann als fortschrittlich betrachtet werden.

Ihre Vorliebe für das Lesen hat der *grosse femme* nicht nur dabei geholfen, ihren Schwager zu verstehen, sondern bietet ihr auch Informationen über das Fernsehen. Sie ist sofort fasziniert von dieser Erfindung und versucht Albertine mit ihrer Begeisterung anzustecken:

> „Tiens, tu liras ça, ça va t'intéresser... » [...] « Vous savaez ben que j'lis pas ça, les journaux. Y'a rien que des niaiseries, là-dedans...
> - Lis juste le gros article, là...
> - J'ai pas le goût... Contez-moé-le, ça va aller plus vite... »
> En soupirant, la grosse femme approcha une chaise droite de celle de sa belle-sœur, reprit le journal, le plia en quatre de façon à ce qu'Albertine voie bien la photo.
> « R'garde... Ça, là, ça s'appelle une télévision... » (QL 841)

Albertine hingegen liest weder die Zeitung noch interessiert sie sich für das Fernsehen – sehr zur Enttäuschung der *grosse femme*, in der dieser Zeitungsartikel den Wunsch ausgelöst hat, auch einen Fernseher zu besitzen:

> Tout le savoir du monde était là, elle le savait. Le cinéma chez soi ? Plus que le cinéma, une radio visuelle qui suivrait l'actualité dans le monde au moment même où elle se produira ; un livre ouvert sur l'univers ; une fenêtre qu'il ferait bon franchir et qui donnerait sur absolument tout. La connaissance dans la maison ! (QL 846)

Ein eigener Fernseher würde es der *grosse femme* somit nicht nur ermöglichen, ihre geliebten Hörspiele auch sehen zu können, sondern sie hätte auch die Möglichkeit, am Weltgeschehen teilzuhaben. Mit Hilfe eines Fernsehers könnte sie immer auf dem Laufenden sein. Dies scheint ihr sehr erstrebenswert. Ihre Schwägerin Albertine hingegen ist gegenteiliger Meinung: „T'aimes pas ça être au courant de ce qui se passe dans le monde, un peu, des fois ? – À quoi ça me sert de savoir qu'y a du monde aux États-Unis qui ont les vues chez eux si ça m'intéresse pas d'en avoir ?" (QL 843). Obwohl Albertine nicht direkt auf die Frage der *grosse femme* eingeht, ist ihr Desinteresse am Medium „Fernsehen" mit dem Desinteresse am Weltgeschehen gleichzusetzen. Das Bedürfnis der *grosse femme*, über das Weltgeschehen informiert zu sein, steht symbolisch für das politische Erwachen Quebecs während der *révolution tranquille.* Mit Hilfe des Fernsehers könnte die *grosse femme* den Informationsrückstand aufholen, der ihr einerseits durch ihre strenge Erziehung und andererseits durch die Bettruhe während ihrer letzten Schwangerschaft entstanden ist. Damit deutet der Wunsch der *grosse femme* nach einem Fernseher eines der Hauptmerkmale der *révolution tranquille* an:

> The key idea was "rattrapage" – catching up. This meant an acceleration of the process of modernizing Quebec society and bringing it up to date, which had begun after Second World War but had been slowed down considerably by the conservatism of the Duplessis government. (Linteau 308)

Bereits die Anschaffung eines Fernsehers würde eine „rattrapage“ darstellen, immerhin betont die *grosse femme* mehrfach, dass Privathaushalte in den USA bereits einen Fernseher haben. Mit einem eigenen Apparat im Haus stünde man auf gleicher Stufe mit dem südlichen Nachbarn und hätte somit den Rückstand aufgeholt. Die zusätzlichen Informationen, die somit Eingang in den Haushalt der *grosse femme* finden würden, wären ein weiterer Schritt in einer fortschrittlichen Entwicklung.

Während der ersten fünf Bände wird die *grosse femme* ausschließlich mit dieser Umschreibung benannt. Dies ist der Fall, weil „[...] elle est un paradigme de l'espèce“ (Vachon 74). Erst im sechsten Band erfährt der Leser ihren Namen: Nana. Gleichzeitig erfährt der Leser aber auch von ihrer Krankheit:

> Dans la famille, on dit à mots couverts qu'elle a une maladie de femme. Marcel voudrait bien savoir ce que c'est – il se doute que c'est un cancer, mais c'est quoi, au juste, un cancer de femme ? –, il écoute les conversations entre sa sœur et sa mère, celles qui se déroulent ici, chez sa tante, quand tout le monde est réuni ; les seules précisions qu'il a pu avoir jusque-là c'est que c'est situé dans le bas du corps, que ça fait très mal et que, surtout, c'est mortel. (OB 1016)

Aus der Beschreibung der Krankheit geht hervor, dass die *grosse femme* Krebs hat. Hierbei handelt es sich vermutlich um einen Krebs der Gebärmutter oder der Eierstöcke. Diese Diagnose ist in doppelter Hinsicht niederschmetternd: Einerseits bedeutet der Krebs unausweichlich Nanas Tod. Andererseits bedeutet Krebs an den Fortpflanzungsorganen auch, dass Nana keinen Nachwuchs mehr kriegen kann. Selbstverständlich ist es in Nanas Alter so gut wie ausgeschlossen, noch einmal ein Kind zu kriegen, aber in Bezug auf den durch die *grosse femme* symbolisierten Fortschritt bedeutet das, dass sie vor ihrem Tod kein Kind mehr bekommen kann, an das sie ihre Werte und Normen weitergeben kann. Da die *grosse femme* erst im Zusammenhang mit ihrer Krankheit mit einem Vornamen bedacht wird, ist der Schluss möglich, dass ihre Funktion als „paradigme de l'espèce“ (Vachon 74) aufgehoben ist und sie nur noch eine Frau ist wie jede andere auf dem Plateau Mont-Royal. Diese Trennung von *grosse femme* und Nana deutet darauf hin, dass zwar die Person Nana sterben wird, aber die Werte, für die die *grosse femme* steht, erhalten bleiben.

Kurz vor ihrem Tod bittet Nana ihren Neffen Marcel zu sich: „Un besoin, soudain et impérieux qu'elle ne s'explique pas : lui, Marcel, il faut absolument qu'elle le revoie une dernière fois ! C'est important !“ (OB 1145). Dieser Wunsch ist mit Hinsicht auf Marcels Beziehung zu den *tricoteuses* (siehe 4.2.) nachvollziehbar. Unter Berücksichtigung der Tatsache, dass der Krebs Nana Schmerzen bereitet, wäre es möglich, dass sie auf ihren Tod und damit die Erlösung von diesen Schmerzen hofft. Das Zusammentreffen mit Marcel könnte ihr Aufschluss darüber geben, da sein ständiger Begleiter Duplessis nur

Todgeweihten sichtbar ist.. Nana würde somit einen Hinweis darauf bekommen, wie nah ihr Tod wirklich ist. Es ist aber auch möglich, dass Nana ihren Neffen zu sich bittet, um ihm ihre Werte mitzugeben: „Marcel est resté à la place de sa mère, comme si, pour une fois, il essayait de remplacer Albertine dans le rôle de la confidente de la grosse femme qui lui avait de tout temps été réservé“ (OB 1043). Im Gespräch mit Marcel ist Nana auch wieder *la grosse femme* und steht somit wieder für den Fortschritt und die Öffnung.

Unabhängig davon, was Marcel und Nana letztlich besprochen haben, reagiert Marcel auf ihren Tod, indem er seine Mutter anzündet:

> [...] il n'aura pas trouvé celui ou celle qui doit payer. Pas juste pour la mort de sa tante Nana. Pour tout le reste. [...] Il retourne au salon, fouille dans ses poches et revient vers le lit de sa mère avec sa boîte d'allumettes Eddy. La purification par le feu. Une torche. Une torche vivante. Un beau grand feu qui dure longtemps. Un sacrifice qui sera sûrement accepté [...] Ça dure même pas une seconde, c'est jaune et bleu, ça monte vers la tête de sa mère [...] (OB 1169/1170)

Seine Wut über den Tod der Tante und die Suche nach einem Verantwortlichen entlädt sich an Albertine. Wie bereits aufgezeigt, stellt Albertine mit ihren Ansichten das Gegenteil zur *grosse femme* dar. Sie verkörpert die traditionellen Quebecker Werte, die die Provinz wiederum an einer positiven Weiterentwicklung hindern würden. Das von Albertine verkörperte Wertesystem ist allerdings auch dasjenige, das immer noch lebt. Durch die Attacke auf seine Mutter versucht Marcel, das Gleichgewicht wiederherzustellen. Für den Fall, dass Albertine bei Marcels Versuch, sie anzuzünden, stirbt, würde der nächsten Generation Platz geschaffen. Zu dieser Generation gehören sowohl Marcel als auch das *enfant de la grosse femme*. Somit stünden sich in der nächsten Generation wieder zwei unterschiedliche Systeme verkörpert durch diese beiden Figuren gegenüber.

3. PHANTASIE IN *LES CHRONIQUES DU PLATEAU-MONT-ROYAL*

Wie eingangs definiert, bezieht sich der Begriff „Phantasie" in meiner Analyse auf die Fähigkeit der Figuren, sich Dinge und Zusammenhänge vorzustellen. Hierbei ist es wichtig, dass zumindest für den Leser klar erkennbar ist, dass es sich um Elemente der Vorstellungskraft handelt. Für diese Erkenntnis sind Hinweise wichtig, die ankündigen oder andeuten, dass die vorliegenden Ereignisse Traumsequenzen oder von den Figuren erzählte Geschichten sind. Im Fall der Lektüre wird durch bekannte Buchtitel vorausgesetzt, dass der Leser erkennt, dass es sich um Intertextualität und die Auseinandersetzung der Protagonisten mit ihrer Lektüre handelt. Die folgende Betrachtung bezieht sich auf die drei dominanten Formen der Phantasie in *Les Chroniques du Plateau-Mont-Royal*: Den Traum, die Rezeption von Literatur und das Erzählen von Geschichten.

3.1. Traumwelten

In den *Chroniques* lässt sich grundsätzlich zwischen zwei Formen von Traum unterscheiden: Nacht- und Tagträume. Während erste im Schlaf durch das Unterbewusstsein ausgelöst werden und die Protagonisten sich über diese Tatsache bewusst sind, sind letztere das Produkt der Phantasie eines Protagonisten. Hierbei imaginiert er bewusst Dinge, weiß aber die ganze Zeit über, dass es sich dabei nicht um die Realität handelt. Des Weiteren wird der Umstand, dass Édouard sich vorstellt, eine Frau zu sein, Teil der Traumbetrachtungen sein, da dies im weiteren Sinn ein Tagtraum ist.

Zunächst möchte ich einen Traum Simones betrachten: Nachdem sie von der Schulleiterin gedemütigt wurde und aus Angst uriniert hat, kehrt Simone nach Hause zurück. Aus Scham traut sie sich nicht, sich ihrer Mutter anzuvertrauen. Stattdessen schläft sie ein und verarbeitet das Erlebte in einem Traum:

> [...] elle continuait quand même de fouiller dans les entrailles de mère Benoîte des Anges. Elle faisait éclater le foie, les intestins, la vessie avec un plaisir sadique qui la dégoûtait, l'exténuait et la ravissait tout à la fois. [...] La directrice avait la bouche ouverte dans un cri d'au-delà de la douleur et du désespoir mais pas un son n'en sortait. Elle était comme un masque figé dans l'expression de l'horreur. Ses mains frôlaient celles de la fillette dans de petits gestes inutiles de supplication, elle les enfonçait elle-même dans ses propres entrailles pour essayer de retenir celles de sa tortionnaire mais celle-ci les repoussait en ricanant. Soudain, sans aucune transition, elle se désintéressa complètement du ventre éclaté de mère Benoîte des Anges pour s'emparer d'une énorme paire de ciseaux qu'elle avait apportée avec elle. [...] Elle prit la lèvre supérieure de la religieuse entre son pouce et son index et tira. Elle ouvrit les ciseaux, les approcha de la lèvre. « Mère Benoîte des Anges, dites-moé que vous m'aimez, sans ça j'vous tue ! » (TP 229)

In ihrem Traum setzt sich Simone zur Wehr. Für sie untypisch aggressiv und brutal nimmt sie Rache für die erfahrene Demütigung. Sie fügt der Schulleiterin den gleichen Schmerz, den sie psychisch erfahren musste, körperlich zu. Dabei ist sie von ihrem eigenen Handeln angeekelt. Auffällig ist der zweite Teil des Traumes, als sie Mère Benoîte die Oberlippe zerschneiden will. Simone selbst ist gerade erst an ihrer Gaumenspalte operiert worden. Der Schulleiterin heißt diesen operativen Eingriff nicht gut, da sie ihn für den Beweis hält, dass die Côtés ihre Armut nur vortäuschen und die Schule unrechtmäßig nicht finanziell unterstützen. Mit ihrem Angriff auf die Oberlippe der Rektorin will Simone ihr die gleiche Missbildung zufügen, unter der sie selbst so lange gelitten hat. Auf diese Weise würde die Rektorin nachvollziehen können, wie ihre Schülerin sich gefühlt haben muss und vielleicht auch Verständnis für die Notwendigkeit der Operation aufbringen. Hinzukommt, dass Simone Mère Benoîte in ihrem Traum zwingen will, ihr zu sagen, dass sie sie liebt – immer unter der drohenden Schere an deren Oberlippe. Offensichtlich fühlt sich Simone von ihrer Schulleiterin missachtet. Sie sehnt sich nach Liebe und Anerkennung, was sich in ihrer Forderung erkennen lässt. Ein erzwungenes Sympathie-Eingeständnis ist Simones Versuch, von der Rektorin Zuspruch für ihre Operation zu bekommen. Davon ausgehend, dass jemand, der einen anderen Mensch liebt, auch nur dessen Bestes will, wäre es logisch, dass Mère Benoîte Simones Operation gutheißt, wenn sie Sympathie für Simone aufbringt.

Ähnlich wie Simone durchlebt auch Édouard Szenen in seinen Träumen, die mit seiner Erlebniswelt im Wachzustand in Verbindung stehen:

> J'ai fait un drôle de rêve. J'étais sur le dos d'une baleine qui me soufflait son jet d'eau condensée en pleine face. Et je me disais : « Y'ont préparé une sauce à spaghetti pour ma fête ! » Ce bout-là est facile à comprendre, j'étais en train de m'étouffer dans mes propres relents d'ail, mais ça se complique… Une table toute garnie faisait son apparition sur le dos de la baleine, une table mise pour au moins vingt personnes. Mais deux personnes seulement étaient attablées : Antoinette Beaugrand et sa benjamine. J'essayais de m'installer devant une assiette de spaghetti mais Antoinette m'enlevait l'assiette en me disant : « C'est pas pour vous, c'est juste pour nous autres… » J'ai fait tout le tour de la table, comme ça, sans jamais pouvoir porter une seule fourchetée de pâtes à ma bouche... Je comprends pas ce que ça veut dire mais j'ai l'impression que je devrais, que c'est très simple à expliquer. (NE 656)

Dem in Édouards Traum auftauchenden Wal kommt in der Traumdeutung folgende Rolle zu: „Weil der Wal ein Säugetier ist, das im Wasser lebt, stellt er die Kraft der Wiederauferstehung und der Wiedergeburt dar" (Koch)[11]. Während seiner Reise nach Paris nimmt Édouard die Identität der Duchesse de Langeais an. Er wird quasi als diese Kunstfigur wiedergeboren. Für diesen Prozess steht der Wal in seinem Traum. Die Tatsache, dass sich ein Tisch auf dem

[11] Hierbei handelt es sich um eine Internetquelle, daher ist eine Seitenangabe nicht möglich.

Wal befindet, lässt aber den Schluss zu, dass der Wal in Édouards Traum außerdem das Schiff symbolisieren soll, auf dem er den Atlantik überquert. Der Tisch steht hierbei für die gemeinsamen Mahlzeiten und damit für das Zusammenleben auf dem Schiff. Die beiden Personen, die sich bereits auf dem Wal befinden, kennt Édouard aus seinem Wachzustand. Es handelt sich hierbei um zwei mit ihm Reisende. Allerdings fügt sich Édouard nicht wirklich in die Gruppe der Reisenden ein. Seine Isolation wird in seinem Traum durch den Teller mit Spaghetti dargestellt. Er bekommt nichts von dem Essen ab und auch die Worte, die Antoinette in Édouards Traum spricht, lassen den Schluss zu, dass Édouard sich von den anderen Reisenden ausgeschlossen fühlt. Die freien Plätze an diesem Tisch stehen für weitere Menschen in Édouards Leben, die ihn aufgrund seiner Transsexualität ausgrenzen werden. Dabei handelt es sich nicht zwingend um andere Mitreisende. Folglich stellt sich in diesem Traum Édouards derzeitige Situation dar und er ist ein Hinweis auf Édouards Zukunft: Die Wiedergeburt als *la duchesse* wird während der Überfahrt erfolgen. Außerdem wird Édouard besonders in seinem Dasein als *la duchesse* Ausgrenzung erfahren.

Wie schon erwähnt, lassen sich die in den *Chroniques* dargestellten Träume grob in Tag- und Nachtträume unterteilen. Nachdem ich bereits die Nachtträume beleuchtet habe, möchte ich nun die Tagträume betrachten: Bestes Beispiel für diese Tagträume ist die Sehnsucht der *grosse femme* nach Acapulco: „Le midi, tu irais charcher des ananas pis des noix de coco. On mangerait aux pieds des palmiers en riant pis en s'embrassant. Tous les enfants que j'arais mis au monde seraient dans nos jambes, tout le temps, pis on aimerait ça ! […] Acapulco !“ (GF 29). Für die *grosse femme* verknüpft sich mit Acapulco eine ganz genaue Vorstellung: Dort muss es Palmen, Ananas und Kokosnüsse geben. Dadurch scheint das Leben dort für sie erstrebenswert. Sie will aber nicht alleine dorthin, sondern würde ihre Familie mitnehmen. Damit schafft sich die *grosse femme* in ihren Tagträumen eine Parallelwelt, die zwar in ihrem Setting von der Realität der *grosse femme* abweicht, sonst aber mit ihrer Realität übereinstimmt, denn ihr Mann wäre auch da. Des Weiteren impliziert ihre Aussage, dass neben ihren real existierenden Kindern, auch noch andere Kinder in dieser Parallelwelt leben. Vermutlich spricht sie hier mehr von ihrer verstorbenen Tochter Denise und dem noch Ungeborenen, als dass sich hier ein versteckter Wunsch nach noch mehr Kindern äußert.

Der Tagtraum von Acapulco ist zeitgleich auch der Rückzugsort für die *grosse femme*. Wenn sich die Realität als zu schwierig oder unerträglich gestaltet, dann zieht sie sich in ihre Parallelwelt zurück. Aus einem Gespräch mit Josaphat geht hervor, wie die *grosse femme* selbst darüber denkt:

> « [...] pis j'pars dans mes rêveries. » « Toujours le Mexique ? » « Non. Des rêveries plus sérieuses. » « Faut pas. La baie d'Acapulco t'a toujours aidée à continuer... » « Mais j'la verrai jamais, mon oncle ! Tant que j'ai réussi à me faire accroire que j'finirais par y aller un jour, même si au fond, j'savais que c'tait pas vrai, ça allait, mais là... » [...] Si au moins mes rêves étaient moins fous ! Si au moins j'rêverais d'aller à la baie des Chaleurs ou ben donc à Percé, ça s'rait moins pire ! Mais non ! Acapulco ! » [...] Chus tannée de rêver d'Acapulco pis d'être même pas capable de me lever pour aller m'assir su'l'balcon ! » (GF 149)

Demnach ist sich die *grosse femme* bewusst, dass ihre Träume von Acapulco sich nie erfüllen werden. Eigentlich will sie sich mehr der Realität widmen, doch Josaphat redet ihr gut zu, diese Parallelwelt nicht aufzugeben, schließlich hat sie ihr immer dabei geholfen, ihren Alltag durchzustehen. Die *grosse femme* hingegen hat für sich schon akzeptiert, dass diese Träumerei sie nicht weiterbringt, zumal sie niemals nach Acapulco reisen wird. Gleichzeitig entlädt sich aber auch der Frust über die Bettruhe, die sie für den Rest ihrer Schwangerschaft halten muss. Der Wunsch, wieder einmal auf den eigenen Balkon gehen zu können, deutet ihre Hinwendung zur Realität an. Der Balkon liegt in ihrer unmittelbaren Reichweite, lediglich ihre körperliche Einschränkung hält sie davon ab, dorthin zu gehen, während Acapulco für sie unerreichbar ist.

Neben Tagträumen, deren Inhalt ein reines Phantasieprodukt sind und Träumen, in denen das Unterbewusstsein Erlebtes verarbeitet, werden in den *Chroniques* auch Mischformen aus Traum und realer Umsetzung dieses Traumes dargestellt. Édouards Dasein als *la duchesse* wäre hierfür ein angemessenes Beispiel. Er träumt davon, als Frau oder vielmehr als die von ihm erschaffene Kunstfigur *la duchesse* zu leben. Diesen Traum lebt er in dem ihm möglichen Rahmen aus: Er kleidet und schminkt sich wie eine Frau. Als er allerdings von den Möglichkeiten einer Geschlechtsumwandlung erfährt, reagiert er wie folgt: „[...] dans *mon* temps, on se mettait su'l'dos n'importe quoi avait l'air d'une robe pis l'imagination faisait le reste... Au moins, on n'était pas sérieuses... pis on avait du fun !" (NE 616). Édouard führt an, dass es ihm nie darum ging, wirklich eine Frau zu sein, sondern es ging ihm immer nur um Spaß und den Anspruch an seine Vorstellungskraft. Obwohl Édouard sich als *la duchesse* fühlt und ab einem bestimmten Zeitpunkt auch so lebt, ist er sich immer bewusst, dass nicht nur körperliche Merkmale den Unterschied zwischen ihm und seiner Kunstfigur darstellen, sondern sie jeweils ein Teil des anderen sind:

> [...] elle avait découvert que dans sa tête quelqu'un qui s'appelait Édouard était toujours resté présent et que la duchesse n'avait été qu'un rôle de composition qu'il avait eu un fun noir à tenir pendant toutes les années. Tandis que celles qui se faisaient opérer... Sans imagination, rien n'était possible. (NE 616)

Édouards Wunschvorstellung, als *la duchesse* zu leben, ist geprägt von dem Wissen, dass es sich hierbei um das Produkt seiner Vorstellungskraft handelt. Sie ist nur eine Rolle, die Édouard spielt, und er ist sich dessen bewusst. Aus diesem Grund lehnt er eine Geschlechtsumwandlung auch ab. Die Aussicht, durch einen operativen Eingriff wirklich zur Frau zu werden, liegt nicht in Édouards Sinn. Für Édouard liegt der Reiz seines „Frau-Daseins“ in der Notwendigkeit, sich verkleiden und sich dieses entscheidende Detail vorstellen zu müssen.

3.2. Der fiktionale Text

3.2.1. Der Einfluss des Lesens auf die Protagonisten

Die Protagonisten der *Chroniques* haben prinzipiell viel Kontakt zur Fiktion. Neben der Lektüre verfolgen besonders die weiblichen Charaktere die Hörspiele im Radio. Theater und *les vues*, sprich das Kino, spielen eine ähnlich wichtige Rolle für die Figuren der sechs Romane. Im Folgenden möchte ich allerdings nur die Lektüre von fiktionalen Texten und deren Einfluss auf die Protagonisten betrachten. Von dieser Betrachtung nehme ich Marcel allerdings aus, da er selbst Geschichten erzählt und sich das Lesen auf seine Texte auswirkt. Daher werde ich ihn gesondert im nächsten Kapitel betrachten.

Zunächst ist festzuhalten, dass die bevorzugte Lektüre der Protagonisten von französischen Autoren stammt. Besonderer Beliebtheit erfreuen sich hierbei Hugo, Balzac und Zola, die – wie in den *Chroniques* mehrfach erwähnt – zum Handlungszeitraum auf dem Index standen. Innerhalb der Familie von Victoire ist es die *grosse femme*, die sich als erste gegen dieses Verbot auflehnt:

> « Victor Hugo ! » Elle avait regardé sa belle-sœur, affolée. « Un livre à l'index ! » La grosse femme avaut soupiré. « [...] Y'est bon, t'sais. » « [...] C'est un livre à l'idex ! » « Sais-tu, on achève de le lire, là, pis j'me demande que c'est qu'y peut ben y avoir dans c'te livre-là pour qu'y soye à l'index. » « Victor Hugo, y'est toute à l'index ! Toute au complet ! On a pas le droit de lire ça, vous le savez ben ! Commettre des péchés mortels de même dans votre condition, faut avoir du front ! » « Mais c'est tellement beau. Bartine, si tu savais ! » « Que c'est qu'y a de si beau là-dedans ? » « Ça se passe loin. » [...] »Vous pis mon frère, j'trouve que vous jouez pas mal avec le feu, des fois, avec vos lectures ! C'est pas bon, trop lire, on nous l'a assez dit ! » « Bartine, s'il vous plaît, taistoé donc ! Si tu lirais un peu plus, tu comprendrais peut-être un peu plus la vie... » (GF 44)

Im Gegensatz zu ihrer Schwägerin verschafft sich die *grosse femme* selbst einen Einblick in die verbotene Literatur und kommt zu dem Schluss, dass es für sie unverständlich ist, warum diese Bücher überhaupt auf dem Index stehen. Ihr gefallen sie und sie ist der Auffassung, dass man aus diesen Büchern viel lernen könnte. Es wird nicht weiter spezifiziert, was sie aus diesen Büchern gelernt hat, aber es wird mit „un peu plus la vie“ (GF 44) angedeutet, dass es sich um allgemeine Lebensweisheiten handelt. Des Weiteren ist für die *grosse femme* wichtig, dass sich die Handlung ihrer Lektüre „loin“, also in der Ferne, abspielt. In Bezug auf das bereits angesprochene Verständnis für das Leben könnte dies bedeuten, dass sie mit Hilfe dieser Bücher etwas über fremde Länder bzw. im Falle von Balzac, Zola und Hugo über Frankreich lernt. Angesichts der Situation, in der sie lebt (Bettruhe aufgrund ihrer Schwangerschaft, die Großfamilie auf engstem Raum, Einschränkungen durch den Krieg, siehe dazu Kapitel 2), bedeutet diese Faszination, die die Ferne ausstrahlt aber auch, dass die *grosse femme* sich in die Handlung dieser Bücher flüchtet, um sich nicht mit ihrer eigenen Realität auseinandersetzen zu müssen.

Diese Flucht in die Lektüre geht sogar soweit, dass die *grosse femme* sich derart in die Handlung hineinsteigert, dass sie die Realität um sich herum vergisst:

> Lorsque Gabriel entre dans la chambre, cet après-midi-là, la grosse femme lisait *la Chartreuse de Parme*. Elle était tellement absorbée par sa lecture [...] Elle sursauta un peu lorsqu'il lui toucha le bras. [...] « C'tu effrayant, c'te pauvre gars enfarmé dans un cachot, pis qui essaye d'envoyer des messages à sa bien-aimée... [...] J'espère qu'y va réussir y dire quequ'chose ! [...] Ah ! oui, j'te dis que c'est ben écrit, vrai ! Mais mon Dieu que c'est triste, pis que c'est compliqué ! Y'écrivaient jamais rien de drôle, dans ce temps-là? » (TP 364)

Es ist durchaus normal, so von einer Romanhandlung fasziniert zu sein, dass man erschrickt, wenn man während der Lektüre gestört wird. Daher ist nichts Ungewöhnliches am Verhalten der *grosse femme* festzustellen. Allerdings ist ihre „Rückkehr“ in die Realität auffällig: Anfänglich spricht sie mit Gabriel, als wäre das, was sie gerade gelesen hat, wirklich passiert. Erst am Ende klärt sie für ihren Mann auf, dass es sich dabei um Fiktion handelt. Es scheint so, als bräuchte sie einige Zeit, um in die Realität zurückzufinden, was wiederum darauf deutet, dass die *grosse femme* ihre bereits beschriebene Flucht vor der Realität nicht richtig kontrollieren kann oder vielleicht auch nicht will. Des Weiteren weist es auf eine starke Verbundenheit der *grosse femme* mit ihrer Parallelwelt hin. Wie bereits in Kapitel 3.1. aufgezeigt, ist Gabriel Teil der Tagträume der *grosse femme*. Davon ausgehend, dass es ihr beim „Versinken“ in Romanhandlungen ähnlich geht, würde sich der Umstand erklären, dass sie mit Gabriel spricht, als hätte er die Handlung von *La Chartreuse de Parme* genauso erlebt wie seine Ehefrau. Einzig die Tatsache, dass der Roman nicht lustig ist, wird von der *grosse femme* bedauert. Ansonsten scheint sie sich in der Parallelwelt, die sich durch die Lektüre auftut, wohl zu fühlen.

Das Lesen beeinflusst die *grosse femme* nicht nur in der Wahrnehmung ihrer Umwelt, sondern auch ihre Sprache: „V'la rendu que tu parles comme dans *Bug-Jargal*. Ben vite on comprendra pus c'que tu dis !" (GF 76). Gabriels Bemerkung, dass er seine Frau bald nicht mehr verstehen könne, wenn sie sich weiterhin so ausdrücken würde, lässt darauf schließen, dass er bereits *Bug-Jargal* nicht richtig verstanden hat. Die in dem Roman vorherrschende Ausdrucksweise weicht von seiner eigenen Ausdrucksweise ab und erschwert ihm dementsprechend das Textverständnis. Des Weiteren deutet sich in dieser Bemerkung eine mögliche Entfremdung der Eheleute an. Eine Kommunikationstörung würde die Ehe auf kurz oder lang beeinträchtigen. Demnach lernt die *grosse femme* aus ihrer Lektüre nicht nur etwas über das Leben, wie sie Albertine gegenüber behauptet, sondern verändert auch ihre Ausdruckweise. Allerdings deutet sich durch ihre Weiterentwicklung eine Entfremdung von ihrer Familie an, die mit dieser Ausdrucksweise nicht umgehen kann.

Da die Lektüre der französischen Autoren für die *grosse femme* eine Flucht vor ihrer Realität ist, ist nachvollziehbar, warum sie es ablehnt, den frankokanadischen Roman *Bonheur d'occasion* zu lesen:

> « Tu sais pourquoi j'lis, Gabriel. J'pense que c'te livre-là... m'aiderait pas. J'ai jamais voulu lire des livres qui se passent icitte parce que j'veux pas retrouver là-dedans des problèmes que j'ai déjà pis que j'veux oublier parce que j'les comprends trop pis que j'ai pas besoin de parsonne pour me les expliquer! » [...] Mais de savoir que ça se passe à Saint-Henri, que les personnages nous ressemblent pis que leurs problèmes sont comme les nôtres, ça m'empêche d'avoir envie de le lire... Chus t'habituée à être dépaysée quand j'lis, Gabriel. Chus t'habituée à m'évader un peu partout dans le monde, surtout en France! J'ai l'impression de connaître Paris par cœur, c'est pas mêlant ! Mais... retrouver Montréal, la pauvreté pis la guerre qui vient quasiment de finir... » (DR 530)

Bonheur d'occasion eröffnet der *grosse femme* nicht die Fluchtmöglichkeiten, die die Werke Zolas, Hugos und Balzacs ihr bieten. Das Viertel Saint-Henri befindet sich ganz in der Nähe des Plateau Mont-Royal und hat somit mit ähnlichen Problemen zu kämpfen. Genau dieser Umstand macht *Bonheur d'occasion* so unattraktiv für die *grosse femme*: Die Thematik des Romans ist ihrem eigenen Leben zu ähnlich, um ihr die gewünschte Rückzugsmöglichkeit zu bieten. Bei Gabrielle Roys Roman handelt es sich nicht um die Parallelwelt, die die französischen Romane der *grosse femme* bieten. Während Gabriel den Roman für empfehlenswert hält und deshalb seine Frau davon zu überzeugen versucht, ihn zu lesen, erläutert die *grosse femme* ihm ihre Beweggründe dies nicht zu tun. Im Gegensatz zu Montreal kennt sie Paris nur aus ihren Büchern, glaubt die Stadt aber wirklich zu kennen. Montreal kennt sie wirklich und es übt nicht die gleiche Faszination auf sie aus wie die französische Hauptstadt. Anzumerken ist allerdings, dass das Paris der

Romane Zolas, Balzacs und Hugos nicht mit dem Paris der 1940er und 1950er Jahre gleichzusetzen ist. Das Bild, das die *grosse femme* von der Stadt hat, entspricht nicht dem Bild der Stadt zu ihrer Zeit. Das Montreal aus *Bonheur d'occasion* ist mehr oder weniger das Montreal der *grosse femme.* Die Handlung findet wie die ersten Bände der *Chroniques* in den 1940er Jahren statt. Demnach hat die *grosse femme* ein eher verklärtes Bild von Paris und einen realistischen Einblick in das Leben in Montreal. Ein Einblick in das zu ihrer Zeit existente Paris würde ihre Faszination für die Stadt auf „Ça se passe loin" (GF 44) reduzieren. Für die Flucht der *grosse femme* in die Parallelwelt, die sich ihr durch die Lektüre eröffnet, ist es offenbar unerheblich, ob sie sich bewusst ist, dass ihre Argumentation gegen *Bonheur d'occasion* hier nicht ganz schlüssig ist. Das Paris ihrer Zeit wäre für die *grosse femme* vermutlich genauso deprimierend wie das Montreal ihrer Zeit. Für sie ist allerdings nur wichtig, dass sie sich in eine andere, für sie bessere Welt zurückziehen kann und diese Welt bieten ihr die Romane Zolas, Balzacs und Hugos.

Im Gegensatz zu seiner Schwägerin lernt Édouard das Paris der Nachkriegszeit kennen. Ähnlich wie die *grosse femme* stammt sein Bild von der französischen Hauptstadt aus Romanen, die er gelesen hat. Aus eigener Erfahrung weiß Édouard, dass französische Touristen in Kanada häufig nach Ureinwohnern und Maria Chapdeleine suchen. Sie wollen hierbei Vorstellungen bestätigt sehen, die sie aus Presse und Literatur kennen. In Paris angekommen, will Édouard es ihnen gleichtun: „Les Français, quand y débarquent chez nous, cherchent bien les Indiens et Maria Chapdelaine, pourquoi je partirais pas, moi, à la recherche de Gervaise ou de Lucien de Rubempré !" (NE 650). Édouard scheint sich anfänglich noch über dieses Verhalten lustig zu machen, steigert sich während seines Paris-Aufenthaltes immer mehr in die Vorstellung hinein, Romanfiguren treffen zu können:

> Maigret ! J'étais sûr de le voir déboucher du Quai des Orfèvres, me faire un signe de la main et entrer dans un café pour boire son éternelle bière en mouchant son éternel rhume, un de ses adjoints sur les talons, Janvier ou Lapointe, ou le médecin légiste, le docteur Paul, lui lisant dans un dossier cartonné les résultats d'une autopsie. (NE 756)

Édouards Überzeugung, Maigret wirklich gesehen zu haben, deutet auf eine rege Vorstellungskraft hin. Aus seiner Lektüre kennt er das Setting des Romans. Als er dieses wieder erkennt, spielt ihm seine Phantasie einen Streich. Die Handlung des Romans setzt sich für Édouard zusammen wie ein Puzzle – die Stadt, der Quai, lediglich Maigret fehlt. Dieses Puzzelteil produziert seine eigene Phantasie, um somit die durch das Lesen erschaffene Parallelwelt zu vervollständigen und zur Realität zu machen.

Ähnlich gestaltet sich Édouards Verhältnis zu Zolas *L'Assommoir*. Auch hier glaubt er, die Protagonisten des Romans in Paris treffen zu können:

> Gervaise! *L'Assommoir !* Je vis depuis vingt-quatre heures dans un roman de Zola ! Elles étaient toutes là, à deux pas : la rue des Poissonniers, la rue Myrha, la rue de la Goutte-d'Or, la rue Polonceau, la rue Labat. J'habite au cœur même du quartier de *L'Assommoir* entre la rue Marcadet et le boulevard Rochechouart ! [...] J'ai couru à travers tout le quartier à la recherche de Gervaise ! Je savais qu'elle n'avait jamais existé et que tout ça de toute façon, se passait au dix-neuvième siècle mais, comme pour Maigret, plus tôt, j'étais sûr de la trouver ! Les descriptions de Zola étaient tellement précises que je croyais reconnaître les vieilles maisons : la blanchisserie de la rue de la Goutte-d'Or, l'assommoir de la rue des Poissonniers, le lavoir où Gervaise et la grande Virginie s'étaient battues... (NE 769/770)

Im Gegensatz zu der ersten Aussage über Maigret erwähnt Édouard hier, dass er sich bewusst ist, dass es außer Frage steht, diese Figuren tatsächlich treffen zu können. Hierbei bezieht er sich aber sowohl auf Maigret als auch auf die Figuren aus *L'Assommoir*. Er weiß, dass dies unmöglich ist, weil *L'Assommoir* im 19. Jahrhundert spielt und er selbst sich im Jahr 1947 befindet. Allerdings ist Édouards Bemerkung darüber, dass Zolas Beschreibungen so sehr der Realität entsprechen, dass er glaubt, in einem seiner Romane zu leben, ein Kompliment an dessen Schreibkunst. Vermutlich bringt Édouard hier stellvertretend für Michel Tremblay dessen Bewunderung für den französischen Naturalisten zum Ausdruck. Édouards Begeisterung über die Beschreibungen in *L'Assommoir* bringen seine (und wahrscheinlich auch Tremblays) Anerkennung für Zolas Werk zum Ausdruck.

Um noch einmal auf *Bonheur d'occasion* von Gabrielle Roy zurückzukommen: Auch Édouard hat diesen Roman gelesen, empfindet aber ähnlich wie die *grosse femme*:

> J'ai aimé avec autant de passion *Bonheur d'occasion,* de Gabrielle Roy, il y a quelques mois, et pourtant je n'ai jamais eu l'idée d'aller courir dans les rues de Saint-Henri, à la recherche de la famille Lacasse ! Alors pourquoi le quartier de la Goutte-d'Or m'a-t-il fait tant vibrer ? Parce qu'il est ailleurs ? Parce que je croise Florentine Lacasse tous les jours alors que Gervaise, même si elle nous ressemble, fait partie de la culture de quelqu'un d'autre et que je peux m'apitoyer sur son sort sans me sentir coupable de son existence ? Parce que Montréal m'appartient alors que Paris, jusqu'ici, n'était qu'un rêve décrit dans des dizaines de livres qui me faisaient rêver ? (NE 771)

Im Gegensatz zu seiner Schwägerin hat Édouard zwar die Möglichkeit, beide Viertel, sprich sowohl Saint-Henri in Montreal als auch Goutte-d'Or in Paris zu besuchen, ist aber von dem Pariser Viertel faszinierter als von dem in Montreal. Ein Grund hierfür ist die Tatsache, dass sein Aufenthalt in Paris begrenzt ist, während er in Montreal immer die Möglichkeit hat, das Viertel aus Roys Roman zu besichtigen. Édouards in Fragen formulierte Vermutungen gehen in eine ähnliche Richtung: Montreal ist seine Stadt. Die Leute, die er dort trifft, sind wie Florentine Lacasse und somit so wie er selbst auch. Er lebt mit seiner Familie auf engstem Raum und geht einem Job nach, der ihm wenig Erfüllung bringt. Ähnlich wie Florentine Lacasse versucht Édouard aus seiner Situation auszubrechen, aber im Gegensatz zu ihr bringt das unerwartete Erbe eben diesen „Ausbruch“. Wenn auch von Albertine missbilligt, finanziert Édouard sich damit eine Reise nach Frankreich. Allerdings scheitert sein Fluchtversuch in das reale Paris. Eben dieses Paris kann mit dem Bild der Stadt, das in Édouards Phantasie existiert, nicht mithalten. Nach einem kurzen Aufenthalt in der französischen Hauptstadt kehrt Édouard nach Montreal zurück. Sein Scheitern in Paris ist richtungsweisend: Édouard ist nun einmal Teil des Plateau Mont-Royal. Dort gehört diese männliche Florentine Lacasse nun einmal hin.

Nichtsdestotrotz bringt Édouard etwas von seinem Frankreich-Aufenthalt mit: Seine Identität als *la duchesse.* Die Hauptfigur aus dem Roman von Balzac hat einen bedeutenden Einfluss auf Édouards Leben:

> Vous m'avez passé *L'histoire des Treize,* de Balzac, y a quequ'mois, pis je l'ai dévoré en deux soirs ! Ça m'a tellement pâmé que j'en ai pas dormi pendant des jours ! Surtout *La duchesse de Langeais* que j'ai lu trois fois parce que j'me disais que tant qu'à être fou de même ! Pensez-vous que j'aimerais pas ça, moé aussi, être une Carmélite Déchaussée pognée sus mon île avec mon amant qui brave toutes les intempéries, qui court tous ils pour les périls pour venir m'enlever, pis qui arrive juste à temps pour me voir exposée dans ma chambre mortuaire ? (DR 469)

Dieser Roman hat es Édouard besonders angetan und die Protagonistin übt eine große Faszination auf den Montrealer Schuhverkäufer aus. Er zieht Parallelen zwischen dem Plot des Romans und seinem eigenen Leben. Die Ereignisse im Leben der Duchesse de Langeais sind im Vergleich zu seinem eigenen Dasein als Schuhverkäufer in Montreal aufregend und er wünscht sich, ein ähnliches Leben zu führen.

Die Faszination Édouards für die Duchesse de Langeais gipfelt darin, dass er ihren Namen trägt, seine transsexuelle Neigung dadurch auslebt, dass er ihre Identität annimmt und letztlich auch so sterben will wie sie: „[...] elle avait gardé son nom de duchesse de Langeais (elle disait toujours qu'elle voulait mourir comme le personnage de Balzac, carmélite déchaussée, mais en buvant du thé)“ (NE 625). Somit führt ein Transsexueller Balzacs Romanfigur in das Montrealer Arbeiterviertel ein. Eine Figur wie die Duchesse de Langeais sticht unter den vielen Florentine Lacasses Montreals hervor. Zeitgleich deutet die Rückkehr Édouards als *la duchesse* in das Montrealer Arbeiterviertel die Veränderungen während der *révolution tranquille* an: Autoren wie Balzac, Hugo und Zola werden einige Jahre nach Édouards Rückkehr nicht mehr auf dem Index stehen. Die Duchesse de Langeais ist demnach nicht nur Édouards Weg, sich selbst zu verwirklichen, sondern auch ein vielschichtiges Symbol: Einerseits deuten sich zukünftige Entwicklungen innerhalb der Provinz an. Andererseits steht sie auch für die kulturelle Verbindung zwischen Quebec und Frankreich: Édouard reist als er selbst in das ehemalige Mutterland und kehrt als eine Figur der französischen Literatur wieder. Auf diese Weise nähert er das Mutterland und die ehemalige Kolonie symbolisch einander wieder an.

Abschließend ist festzuhalten, dass das Lesen für die Figuren *la grosse femme* und Édouard in allererster Linie eine Flucht vor ihren realen Lebensumständen ist. Literatur ist für die Protagonisten demnach eine Parallelwelt und ein Rückzugsort. In Édouards Fall geht die Identifikation mit den gelesenen Texten soweit, dass er die Identität einer Romanfigur annimmt. Auch wenn er in seinem Leben als *la duchesse* weiß, dass in dieser Kunstfigur immer noch ein Teil von ihm steckt, lebt er nach seiner Rückkehr aus Frankreich hauptsächlich als *la duchesse* und wird auch – wie von ihm erträumt – als eben diese sterben. Für die Gesamtbetrachtung der *Chroniques* spielt Intertextualität, wie ich sie gerade analysiert habe, eine wichtige Rolle, da die phantastische Literatur „[...] Texte verschiedenster Herkunft in sich vereint, insbesondere aus Mythologien, Mystik, Literatur. Kaum ein Bereich der Kunst ist so intensiv intertextuell strukturiert wie die Phantastik“ (Lehmann 33).

3.2.2. Das Erzählen von Geschichten

Wie bereits erwähnt, ist die Intertextualität ein Merkmal der phantastischen Literatur, das auf die *Chroniques* zutrifft. Neben der bereits beschriebenen Form der Intertextualität spielt das Erzählen von Geschichten eine wichtige Rolle in den *Chroniques*. Im Folgenden möchte ich diesen Aspekt betrachten. Dabei wird es weniger um den Inhalt der Geschichten als um deren Rezeption und deren Entstehungsprozess gehen.

Josaphat-le-Violon, Victoires Bruder, ist der erste Geschichtenerzähler, der in *Les Chroniques du Plateau-Mont-Royal* erwähnt wird. Zielgruppe seiner Geschichten ist die ganze Familie, allerdings variiert die Rezeption von Familienmitglied zu Familienmitglied:

> La grosse femme avait pleuré sans retenue. Gabriel lui avait souvent raconté qu'il avait grandi sous le charme des légendes de son oncle Josaphat et chaque fois qu'elle entendait le vieil homme raconter une de ces histoires où se mêlaient si intimement le vrai et le faux, la vie tellement quotidienne de la campagne et son fantastique besoin d'illusions et de merveilleux, [...] (GF 171)

Josaphats Geschichten sind demnach ein fester Bestandteil des Familienlebens. Bereits als Gabriel ein Kind war, hat er seinem Onkel zuhören dürfen. Die emotionale Reaktion der *grosse femme* und der Umstand, dass Gabriel seiner Frau mehrfach davon berichtet hat, wie Josaphat immer Geschichten für die Familie erzählte, lassen darauf schließen, dass eben diese Geschichten ein Gefühl von Geborgenheit verbreiten bzw. früher schon verbreitet haben.

Trotz ihrer Rührung ist sich die *grosse femme* bewusst, dass Josaphats Geschichte Fiktion ist. Sie weiß, dass Josaphat in seinen Geschichten reale Aspekte seines Lebens mit phantastischen Elementen mischt. Vermutlich ist das sein Weg, aus seinem eher langweiligen Leben zu fliehen und ihm somit eine interessante Note zu verleihen. Allerdings geht nicht jeder so mit Josaphats Geschichten um wie die *grosse femme*: „J'voulais tellement que ça soye vrai ! Si tout ça était vrai, ça nous donnerait toutes une raison de continuer !" (GF 172). Lauras Wunsch, dass die Geschichten ihres Vaters der Wahrheit entsprächen, ist das Ergebnis ihrer eigenen Situation. Ähnlich wie schon bei der Lektüre nutzen die Figuren Josaphats Geschichten als Flucht vor der Realität. Der entscheidende Unterschied ist allerdings, dass Josaphats Geschichten im Montrealer Umland spielen, dafür aber sonst keine Gemeinsamkeiten mit dem Leben in der *rue Fabre* haben. Aus diesem Grund sind die Geschichten für Josaphats Zuhörer so reizvoll. Nichtsdestotrotz können nicht alle Rezipienten mit dieser Vermischung von Realität und Fiktion umgehen: „[...] l'enfant de la grosse femme trop jeune encore pour saisir la différence entre un conte et une histoire vécue, surtout que Josaphat-le-Violon se mettait toujours lui-même dans ses récits [...]" (DR 514). Der Sohn der *grosse femme* ist zu jung, um zu erkennen, dass Josaphats Geschichten trotz autobiographischer Züge Fiktion sind. Für ihn ist es verwirrend, dass sich in den Geschichten seines Onkels Realität und Fiktion mischen. Seine Cousine Laura hingegen versucht gar nicht erst, zwischen Fiktion und Realität in dem, was ihr Vater ihr erzählt, zu unterscheiden: „Pis toé, Laura, comment c'est que tu fais pour savoir quand c'est que ton père te conte des contes pis quand c'est qu'y te dit la vérité ? [...] Ça m'intéresse pas de le savoir, ma tante. J'dirais que des fois ça m'aide à vivre qu'y me fasse voyager comme y fait" (GF 179). Sowohl Albertines Frage als auch Lauras Antwort beziehen sich nicht nur auf Josaphats Geschichten, sondern auf alle seine Äußerungen. Scheinbar kann Albertine nicht zwischen Wahrheit und Lüge in Josaphats Äußerungen unterscheiden und fragt deshalb ihre Nichte, wie sie das schafft. Laura hingegen probiert es erst gar nicht. Es ist ihr egal, solange Josaphats Äußerungen sie aus ihrer Realität herausholen oder wie sie es formuliert „[...] fasse voyager [...]" (GF 179), sprich sie reisen lassen. Hierbei handelt es sich um eine symbolische Reise durch eine Parallelwelt, die Laura eine Zuflucht bietet. Josaphat ist somit ein „Reisebegleiter" zwischen der Realität und der Parallelwelt.

Da Josaphat diese Funktion aber nicht ewig erfüllen kann, kündigt er frühzeitig einen möglichen Generationswechsel an:

> Là, Teddy Bear Brown s'est penché lui itou par-dessus le bord du canot pis y m'a crié avec son accent de tête carrée : " Aïe, Josaphat, tu veux-tu mon job, mon chum ? Moé, y'est tanné d'allumer le lune... [...] « Pis quand j's'rai trop vieux, j'viendrai te voir, une bonne après-midi, pis j'te dirai: " Marcel, chus fatigué. " J'espère que tu vas comprendre pis que tu vas respecter la lune toute ta vie. [...] Parce que la lune est la seule chose dans la vie dont tu peux être sûr. » (GF 166/167)

Ähnlich wie Teddy Bear Brown in Josaphats Geschichte seine Aufgabe, den Mond anzuzünden, auf Josaphat überträgt, kündigt dieser an, seine Funktion als Geschichtenerzähler der Familie irgendwann auf Marcel zu übertragen. Frühzeitig gibt er dem Jungen zu verstehen, wie der Augenblick der „Übergabe" ablaufen wird. Der von Josaphat mehrfach angesprochene Mond symbolisiert hierbei auch die Phantasie, die Onkel und Großneffen verbindet. Beide haben ein Talent, Geschichten zu erzählen, und Josaphat rät Marcel indirekt, sich trotz der Reaktionen seines Umfeldes immer auf dieses Talent zu verlassen und sich nicht einschüchtern zu lassen.

Dieser Generationswechsel vollzieht sich in *Un objet de beauté*. Zwar erfährt der Leser nicht, wann genau sich die von Josaphat angekündigte „Übergabe" abgelaufen ist, fest steht jedoch, dass sie durchgeführt wurde. Demnach ist Marcel im sechsten Band der Geschichtenerzähler und nicht mehr Josaphat. Die beiden sind folglich „[...] en quelque sorte l'alpha et l'oméga de la tribu des personnages, l'un s'illustrant surtout dans les deux premiers livres et l'autre, dans les deux derniers" (Brochu 2002: 115). Somit schließt sich ein Kreis: Eine Aufgabe, die bis dahin immer der Großvaterfigur zugekommen ist, wird an die Enkelgeneration weitergegeben. Der Grund, warum Josaphat ausgerechnet Marcel als seinen Nachfolger auswählt, ist der, dass beide Kontakt zu den *tricoteuses* haben (siehe dazu 4.2.).

Im Gegensatz zu Josaphat schreibt Marcel seine Geschichten auf. Dies ist nicht der einzige Unterschied zu den Geschichten seines Onkels: Für eben diese thematisiert Tremblay vor allem, wie sie von der Familie rezipiert werden. In Marcels Fall wird hauptsächlich der Entstehungsprozess thematisiert: Mit Hilfe von Einschüben in Form von Kommentaren merkt Marcel in seinen Erzählungen (besonders in „Cette plaine remplie de mon cœur"), wie er sie verbessern könnte. Hierbei zieht Marcel häufig Parallelen zu Gabriele Roys Roman *Bonheur d'occasion*.

Zunächst möchte Marcel, dass seine Geschichte „Cette plaine remplie de mon cœur" wie Roys Roman klingt. Dafür versucht er ihre Sprache zu imitieren: „Attention aux dialogues ! Dans les romans de madame Gabrielle Roy, on s'exprime différemment, on n'utilise pas les expressions de la vie courante telles quelles, on parle comme dans les livres..." (OB 1033). Zunächst fällt Marcel auf, dass sich die Dialoge in besagtem Roman von denen in seiner Geschichte unterscheiden. Ihm wird bewusst, dass er seine Figuren nicht so sprechen lassen kann, wie er selbst sprechen würde. Bei dem Versuch, die Sprechweise seiner Figuren aber dem Standardfranzösisch anzunähern, scheitert er:

> Décidément, ça ne marche pas, ces dialogues-là. Ils sont tout à fait naturels chez madame Gabrielle Roy, mais ici ils sonnent faux. À l'avenir, il faudra le plus possible se concentrer sur les descriptions et éviter de trop faire parler les personnages. À moins de revenir à l'autre façon d'écrire les dialogues. Mais ce ne serait pas un roman de madame Gabrielle Roy ! (OB 1035)

Nachdem es Marcel nicht gelingen will, die Dialoge in seiner Geschichte natürlich und vor allem wie bei Gabrielle Roy klingen zu lassen, gibt er einfach auf. Er entscheidet sich dafür, das Problem und somit die Dialoge zu umgehen. Der Grund, warum seine Dialoge für ihn unnatürlich klingen, liegt darin, dass er selbst ein Sprecher des *jouals* ist. Würde Marcel zwischen Schriftsprache und mündlichem Sprachgebrauch besser unterscheiden können, würden ihm die Dialoge nicht so schwer fallen. Sein Respekt für Gabrielle Roy und ihr Werk hindern ihn daran, seine eigene Sprache in seine Geschichten einfließen zu lassen und somit seinen eigenen Stil zu entwickeln. Marcels literarische Versuche stehen noch ganz am Anfang, von daher ist es verständlich, dass er sich ein Vorbild sucht, das er imitieren möchte. Dabei lässt er ganz außer Acht, dass jeder Autor seinen eigenen Stil entwickeln sollte – so auch er. Seine Unsicherheit lässt aber von Geschichte zu Geschichte nach. Während die Kommentare in „La Naissance du Héros" und „Cette plaine remplie de mon cœur" noch zahlreich sind, ist „Le Jugement dernier" frei von den von Genette beschriebenen metatextuellen Kommentaren (Vgl. Allen 215). In „La Sonatine de la lulune" gibt es dann wieder einige wenige kurze Kommentare, die aber nicht so auffällig sind wie in den ersten beiden Geschichten.

In Bezug auf die Inhalte seiner Geschichten ähneln Marcels denen Josaphat: Er lässt autobiographische Züge in Geschichten mit phantastischem Hintergrund einfließen. Zunächst versucht er aber in „Cette plaine remplie de mon cœur" die Geschichte der *grosse femme* zu erzählen und dem Leser der *Chroniques* somit Informationen über sie zu geben:

> Cette fois, c'est un roman qu'il invente, une nouvelle, plutôt ; c'est une belle nouvelle de madame Gabrielle Roy, l'auteur favori de sa tante Nana, madame Gabrielle Roy qui, comme elle, vient de l'Ouest canadien qu'elle a quitté, comme elle, pour venir s'installer ici, à Montréal, comme elle. La grosse femme a tout lu madame Gabrielle Roy [...].Sa nouvelle à lui parle de la Saskatchewan où la grosse femme a passé toute son enfance, au lieu du Manitoba natal de madame Gabrielle Roy, mais ce n'est pas grave, ces deux provinces voisines se ressemblent tellement. C'est court, ça sent le feu de brousse et l'eau croupie [...] c'est beau et ça parle surtout de lui, Marcel, parce qu'en fin de compte, comme toujours, c'est à lui-même qu'il veut faire du bien. (OB 1027)

Die Rückbezüge auf Gabrielle Roy sind demnach nicht zufällig gewählt, sondern nur konsequent: Sie ist die Lieblingsautorin seiner Tante und hat viele Gemeinsamkeiten mit ihr. Genau diese Gemeinsamkeiten lässt Marcel in seine Geschichte einfließen. Der Leser erfährt somit nicht nur indirekt etwas über Gabrielle Roys Biographie, sondern wird auch noch mit Hintergrundinformationen zur *grosse femme* versorgt.

Marcels Geschichte „Cette plaine remplie de mon cœur“ dient aber nicht nur dem Zweck, der *grosse femme* einen Hintergrund zu geben, sondern ist auch Marcels Weg, mit ihrer Krankheit umzugehen. Er versucht in erster Linie sich selbst den Schmerz zu nehmen, indem er die Heldin seiner Novelle rettet und somit symbolisch seine Tante Nana. Laut Brochu symbolisiert das Feuer in der Geschichte „[...] le cancer, et il faut intervenir“ (Brochu 2002: 123). Dies misslingt dem Helden aber: „Il a vraiment cru à une espèce de miracle arrivé à travers lui, un geste généreux de la part du bon Dieu, pour une fois. Il a mal calculé son affaire, le héros a manqué son coup [...]“ (OB 1045). Somit bringt Marcel seine eigene Hilflosigkeit der Krankheit seiner Tante gegenüber zum Ausdruck. Stellvertretend für Marcel rettet der „Héro“ der Erzählung Nana vor dem Feuer, so wie Marcel selbst seine Tante vor dem Krebstod retten will.

Während die Geschichte aber gut ausgeht, sieht die Realität anders aus: Nana stirbt an ihrer Krankheit. Marcel wird sich dessen schmerzhaft bewusst: „Marcel se rend compte que son visage est baigné de larmes. Le feu de la Saskatchewan ne les a donc pas séchées !“ (OB 1041). Trotz der abenteuerlichen Geschichte, die Marcel bzw. sein „Héro“ in Saskatchewan erlebt hat, ist seine Tante immer noch krank. Marcel ist hierbei offensichtlich nicht in der Lage, zwischen Realität und Fiktion zu unterscheiden, denn er glaubt, dass durch die Rettung der fiktiven Nana (der in seiner Geschichte) auch die für ihn reale Nana (die *grosse femme* aus den *Chroniques*) gerettet wird. Demnach kann Marcel nicht mehr zwischen den beiden Frauen unterscheiden. Während die Geschichten seines Onkels Josaphat als Rückzugsort für deren Rezipienten dient, dienen Marcels Geschichten ganz alleine seinem Rückzug. Er zieht sich in seine selbst geschaffene Parallelwelt zurück und versucht dort, die Ungerechtigkeiten der Realität (wie die Krankheit der Tante) auszugleichen.

Auch in seinen anderen Geschichten bringt Marcel sich ein. So ist er einmal: „[...] Marcello del Plato Monte Royale, dit le Marcello (1459-1548). Je suis peintre du Quattrocento, l’un des plus représentatifs, l’un des plus importants“ (OB 1073). Hierbei lebt er seine Vorliebe für die Kunst aus. Der „reale“ Marcel hat sein Wissen über die Kunst bei den *tricoteuses* (siehe Kapitel 4.2.2.) erworben, die als autobiographische Elemente in Marcels Geschichten auftauchen:

> Mais revenons aux quatre femmes. Elles avaient protégé le Héros durant une bonne partie de sa vie, surtout pendant son enfance, elles lui avaient tout enseigné de ce qu'il savait de la Vie et des Arts, et elles délimitaient le tableau de l'apocalypse de son monde pour suggérer – c'est du moins le sens que je donnais à leur présence – que tant qu'elles seraient là, lui ne risquait rien. Elles veillaient sur sa tête, sur ses deux bras, sous ses pieds, et il ne courait aucun danger d'aller rejoindre ses contemporains dans les flammes de l'Enfer. [...] Ses trois filles, gardiennes des Arts, dispensatrices du Savoir, se trouvaient elles aussi aux antipodes de ce qui avait entouré le Héros toute sa vie. (OB 1085)

Marcel bringt so zum Ausdruck, wie viel ihm die *tricoteuses* bedeuten und dass er sehr wohl um ihren Beitrag zu seinem Leben weiß. In seinem Zufluchtsort, den er sich mit diesen Geschichten schafft, kann Marcel die wahre Funktion der *tricoteuses* preisgeben. Hier hält ihn niemand für verrückt, weil er sie sehen kann und die meisten anderen Figuren nicht. Ähnlich ist es mit Duplessis, dem Kater: „Lui aussi, ce chat tigré, a été important dans la vie du Héros. [...] Son chat qui lui sert de chien de garde. Il était donc impensable qu'il n'apparaisse pas dans *Le jugement dernier*" (OB 1086). Marcel erkennt auch in diesem Fall an, welchen Stellenwert die tote Katze in seinem Leben hat. Für Marcel ist es undenkbar, den Kater nicht mit in seine Parallelwelt zu nehmen. Duplessis hat eine Beschützerfunktion inne, wie sich aus der Wortwahl „chien de garde" erkennen lässt. Folglich bedarf Marcel dessen Schutzes auch in seiner Parallelwelt, sonst würde er Duplessis nicht in seiner Erzählung auftauchen lassen.

4. PHANTASTIK IN *LES CHRONIQUES DU PLATEAU-MONT-ROYAL*

Wie eingangs erläutert, werde ich in diesem Abschnitt meiner Analyse die phantastischen Elemente der *Chroniques* betrachten. In diese Kategorie fallen alle Phänomene, die den Naturgesetzen widersprechen. Die sprechende tote Katze Duplessis und die Frauen, die mit ihrer Strickerei das Schicksal ihres Umfeldes beeinflussen sind auf den ersten Blick nicht rational erklärbar. Im Folgenden werde ich erst Duplessis und dann die *tricoteuses* analysieren. Dabei möchte ich aufzeigen, dass es in Bezug auf Marcel logische Erklärungsansätze gibt.

4.1. Duplessis

4.1.1. Duplessis vs. Godbout – Realität und Fiktion

Die *Chroniques* zeichnen sich nicht nur dadurch aus, dass realistische und phantastische Elemente gemischt werden, sondern auch durch Merkmale des quebeckischen *nouveau roman*. Wie von Ertler festgestellt, ist es auffällig, dass „[...] die einzelnen Haustiere, insbesondere die Katzen, in die Welt der Erzählungen aufgenommen werden und dort einen wichtigen Figurenstatus einnehmen“ (Ertler 200). Die beiden Tiere, die in *La grosse femme d'à côté est enceinte* dominant sind, sind der Kater Duplessis und der Hund Godbout. Die Anspielung auf die beiden ehemaligen Quebecker Premierminister ist mehr als offensichtlich.

Umso interessanter ist Tremblays Entscheidung, den Namen des konservativen Politikers Duplessis für eine Katze und den Namen des liberalen Politikers Godbout für einen Hund zu verwenden. Diese Entscheidung lässt sich wohl wie folgt begründen: „Aber die Katze will auch frei und unabhängig sein. Sie läßt sich nicht anbinden oder abrichten wie ein Hund. Sie folgt nicht aufs Wort, sondern hat ihren eigenen Willen. Sie selbst entscheidet, wann sie gestreichelt und wann sie in Ruhe gelassen werden will“ (Weis 227). Der Politiker Duplessis war Befürworter der Unabhängigkeit Quebecs, somit ist die Entscheidung, den Namen Duplessis für eine Katze zu verwenden, nachvollziehbar. Außerdem ist es aufgrund dieses Verhaltens leicht, Katzen mit Arroganz in Verbindung zu bringen. Die folgende Aussage unterstreicht noch einmal, warum das Symbol „Katze“ sich besser für Maurice Duplessis eignet: „Duplessis thinks of himself better than everyone else, and he doesn't hesitate to show it“ (Paulin 71). Auch der Duplessis der *Chroniques* ist eine überaus selbstbewusste Persönlichkeit.

Hinzukommt, dass Hunde sich leichter dressieren lassen. Godbouts Beziehungen zur kanadischen Regierung in Ottawa kommen dem Verhalten eines Hundes nahe, da er sich in der Zusammenarbeit mit der Bundesregierung kompromissbereit und kooperativ zeigte.

Dennonach hielt Duplessis es für unmöglich, dass Adélard Godbouts Mackenzie Kings Verhältnis sich auf politischer Ebene intensivieren könnte, wie der folgende, spöttelnde Ausspruch zeigt: „In any case, Godbout could never be Kings right-hand man... His English is too poor“ (Paulin 139). Es lässt weiterhin darauf schließen, dass Maurice Duplessis die englische Sprache beherrschte. Diese Vermutung spiegelt sich in dem folgenden Zitat der Katze Duplessis in den *Chroniques* wider: „You bet, que j'peux vous voir !“ (GF 65). Die Mischung der beiden Sprachen lässt den Schluss zu, dass die Katze zweisprachig ist. Mittels der Zweisprachigkeit deutet sich hier wieder eine Verbindung zwischen der Katze und dem Politiker Duplessis an.

Das symbolträchtigste Zusammentreffen der Katze Duplessis und des Hundes Godbout ist allerdings jenes, bei dem Duplessis getötet wird:

> [...] le chat avait lu dans les yeux du chien que cette bataille serait la dernière pour l'un d'entre eux. [...] un certain recul s'était produit dans la tête du chat, il avait vu la scène de l'extérieur, pendant une seconde, s'en était complètement détaché, et le ridicule de la situation lui avait sauté au visage : un chat plein de puces et un chien pelé qui se battaient pour un droit de passage [...] Duplessis eut un soubresaut de douleur et miaula à la mort. « Mourir, mourir, plutôt que de souffrir de même ! » (GF 111)

Die angesprochene Schlacht symbolisiert den Wahlkampf, den beide Politiker 1939 um das Amt des Premierministers in Quebec ausgetragen haben. Aus einer Wahl um ein solches Amt geht nur einer der Kandidaten siegreich hervor. Dieser Umstand deutet sich in der Bemerkung der Katze an, laut der die Auseinandersetzung zwischen den Tieren für einen der beiden Beteiligten die letzte sein könnte. Wie in den *Chroniques* geht Godbout siegreich aus der Auseinandersetzung bzw. dem Wahlkampf hervor: „On October 25, 1939, Adélard Godbout becomes premier of Quebec“ (Paulin 119). Das Jammern der Katze Duplessis, dass er lieber sterben möge, als an den Schmerzen seiner Verletzung zu leiden, deutet die Schmach an, die der reale Maurice Duplessis angesichts der Wahlniederlage empfunden haben muss.

Doch Maurice Duplessis tritt 1944 zu einer weiteren Wahl an und gewinnt diese auch: "On August 8, 1944, the early results of the provincial election confirm the victory of the Union Nationale [...] Maurice Duplessis, new Premier auf Quebec" (Paulin 155) Dieses Ereignis wird auch in den *Chroniques* angedeutet: „Y sait ben que j'abandonnerai jamais pour de bon. Pis que j'prépare mon retour“ (GF 110). Während der realise Duplessis seine Rückkehr auf die politische Bühne vorbereitet, spricht die Katze Duplessis von seiner Rückkehr in die rue Fabre. Die Aussage der Katze wirkt sehr entschlossen und überzeugt davon, dass seine Rückkehr wirklich möglich ist. Die Überzeugung wird befremdlich auf den Leser angesichts der Tatsache, dass die Katze kurze Zeit später stirbt. Zum Zeitpunkt der Aussage streiten Duplessis und Godbout noch darüber, ob der Hund den Kater passieren lässt.

Die Aussage bezieht sich zunächst nur auf den Umstand, dass der Kater in der Revierfrage nicht klein begeben wird. Als die *tricoteuses* den Kater aber wieder auferstehen lassen, wird klar, dass die Aussage des Katers von weitreichenderer Bedeutung ist, als anfänglich angenommen. Die Verbindung zu Maurice Duplessis' Wiederkehr in den Wahlkampf as Premierministeramt ist aber offensichtlich.

4.1.2. Duplessis in der *rue Fabre*

Im Figurenkanon der *Chroniques* nimmt der Kater Duplessis den gleichen Stellenwert ein, wie die menschlichen Figuren. Dem Leser wird der Einblick in Duplessis' Gedankenwelt gewährt oder wie Ertler es formuliert: „In anthropomorphisierter Überhöhung kommt dem Kater dieselbe Erzählposition wie den anderen Romanfiguren zu, so daß seine Gedankenwelt in ebenso mimetischer Form narrativ in Erscheinung tritt“ (Ertler 197). In der folgenden Betrachtung möchte ich Duplessis' Gedankenwelt aber an einigen ausgewählten Beispielen darstellen. Ein weiterer Schwerpunkt dieses Kapitels wird auf der Interaktion zwischen Duplessis und den anderen Figuren liegen. Die Figur Marcel ist in diesem Abschnitt von meinen Betrachtungen weitestgehend ausgenommen. Die Analyse des Verhältnisses zwischen Marcel und Duplessis wird Schwerpunkt des nächsten Kapitels sein.

Zunächst wird die Figur Duplessis ohne Hinweis darauf, dass es sich um eine Katze handelt, in die Handlung eingeführt. Erst nach einigen Auftritten wird dem Leser mittels spezieller Lexik die Schlussfolgerung nahe gelegt, dass Duplessis eine Katze sein muss: „Duplessis se réveilla tout d'un coup : « J'ai faim ! » s'étira, bâilla et vint sauter sur les genoux de Marie-Sylvia qui entreprit de le faire ronronner en fourrageant un peu partout dans son poil tigré“ (GF 49). Bereits der Umstand, dass Duplessis Marie-Sylvia auf den Schoß springt, lässt den Leser vermuten, dass es sich bei dieser Figur nicht um einen Menschen handeln kann. Das Verb „ronronner“ räumt dann letzte Zweifel aus, da es „schnurren“ bedeutet und landläufig werden Katzen mit diesen Lauten in Verbindung gebracht. Auch die Beschreibung des Fells mit „poil tigré“ weißt auf eine Hauskatze hin.

Das stereotype Bild einer mit Wollknäueln spielenden Katze wird in den *Chroniques* aus Duplessis' Sicht dargestellt: „Au beau milieu de la bataille, alors que Duplessis, au comble de la joie, criait à la balle de laine : « Ça sert à rien de résister, maudite folle, tu sais ben que ta fin est proche ! Rends-toé ! Rends-toé, pis j'te f'rai pus de mal ! »“ (GF 65). Aus der Sicht der Katze ist das Spiel mit der Wolle ein ernst zu nehmender Kampf, in dem der Kater sich als Sieger sieht. Ähnlich verhält es sich mit Duplessis' Jagdtrieb: „Les papillons, c'est dur à attraper, mais c'est tellement bon ! Pis les abeilles, à c't'heure ! Ça vaut la peine de risquer de se faire piquer pour se payer le luxe de mordre dans les gros corps juteux..." (GF 89/90). Vermutlich fragen sich viele Katzenhalter, warum ihre Tiere scheinbar sinnlos Insekten oder andere Dinge, die nicht ins Beuteschema passen, jagen. Tremblay gibt hier durch Duplessis eine mögliche Antwort. Demnach ist Duplessis' Perspektive mehr durch das Katzesein als durch seine menschlichen Eigenschaften geprägt. Nach seinem Tod und seiner Wiederauferstehung verändert sich das Verhältnis von animalischen und menschlichen Eigenschaften. Duplessis wird besonders in Bezug auf Marcel dann eher Vaterfigur als Haustier sein (siehe dazu 4.1.3.).

Duplessis' Verhältnis zu den *tricoteuses* ist in allererster Linie dadurch geprägt, dass sie ihm nach seinem Kampf mit dem Hund Godbout das Leben zurückgeben: „C'tait pas pour Duplessis, Violette. T'as tricoté la mort de quelqu'un d'autre" (GF 161). Den *tricoteuses*, ihres Zeichens mit ihrer Handarbeit für das Schicksal der Bewohner der *rue Fabre* verantwortlich (siehe dazu 4.2.1.), ist ein Fehler unterlaufen, den es nun zu korrigieren gilt. Allerdings dienen ihre Bemühungen, Duplessis zumindest auf der „Geisterebene" wiederzubeleben, nicht nur der Katze, sondern auch Marcel. Der Junge würde seinen Freund verlieren, wenn die vier Frauen nichts für die Katze tun. Die vier Frauen versprechen Marcel, der Katze zu helfen und bieten ihm an, sie und somit das Tier jederzeit besuchen zu können: „Florence lui avait dit : « Quand Duplessis va aller mieux, on va te le donner. En attendant, tu peux venir nous voir tant que tu veux. [...] »" (TP 302). Sowohl zu Duplessis' Lebzeiten als auch nach seinem Tod ist die Freundschaft zu Marcel, wie ich im nächsten Kapitel aufzeigen werden, ganz besonders wichtig für den Jungen und sein Selbstbewusstsein. Dies erkennen auch die *tricoteuses*. Deshalb geben sie das wiederauferstandende Tier nicht seiner eigentlichen Besitzerin Marie-Sylvia, sondern Marcel zurück: „Duplessis est correct, à c't'heure. On va te le donner. Mais faut que tu le gardes pour toé. Y faut pas que t'en parles. À parsonne. Ça va être un secret entre nous autres" (TP 302). Die Wiederauferstehung der Katze ist ein Geheimnis, weil sie nicht unter die Lebenden in die *rue Fabre* zurückkehrt, sondern auf der gleichen Ebene wie die *tricoteuses* agiert.

Das geistähnliche Wesen ist in allererster Linie für Marcel sichtbar. Die Großmutter des Jungen, Victoire, kann den Kater nach dessen Tod auch sehen. Allerdings macht es ihr Angst: „ « Fais-y pas peur, Duplessis! a'te voit, elle aussi, pis a'l'a pas l'air d'aimer ben ben ça... » « J'veux pas y faire peur, j'veux juste y dire bonjour ! »" (TP 341). Duplessis ist sich scheinbar nicht bewusst, warum er Victoire Angst macht. Für die alte Frau hingegen symbolisiert er den Tod: „Va-t'en maudit chat ! Va-t'en ! Chenaille !

Maudit fantôme ! Maudit mort ! Maudit mort ! [...] Toé aussi, va-t'en. J'veux pus te voir. T'es fou pis t'es t'après me rendre folle ! Tu transportes ma mort dans tes bras !" (TP 341). Es ist natürlich möglich, dass Duplessis sehr wohl weiß, dass Victoire ihn für einen Vorboten des Todes hält. Seine Anspielung darauf, dass er nur „bonjour" sagen und niemandem Angst machen möchte, zeigt, dass er den Tod nicht fürchtet und dass Victoire das auch nicht tun sollte. Der Umstand, dass Duplessis Victoire begrüßen will, ist ein deutliches Zeichen dafür, dass ihr Tod kurz bevorsteht. Der Vorbote des Todes in Form der toten Katze wird bei Victoire vorstellig und gibt ihr somit einen Hinweis auf ihre nähere Zukunft.

Zusammenfassend ist festzuhalten, dass Duplessis' Stellung innerhalb der *rue Fabre* einem Wandel unterliegt. Anfänglich ist die Katze lediglich ein Haustier. Seine Erlebnisse werden aus seiner Sicht dargestellt, dadurch ergibt sich eine „[...] eigentümliche Position des Katers innerhalb der Sozialstruktur dargestellten Welt [...]" (Ertler 200). In eben dieser Welt wird Duplessis „[...] zum Beobachter seiner Umgebung hochstilisiert und mit einem Bewußtsein ausgestattet, aufgrund dessen er zum zentralen Figurenbestand des Textes gehört" (Ertler 200/201). Nach seinem Tod und seiner Wiederauferstehung geht die Darstellung von Duplessis' Erlebniswelt langsam zurück. Der Kater kann von da an nur noch von Marcel und Figuren, deren Tod naht, gesehen werden. Damit erfreut er sich verständlicherweise nicht mehr der gleichen Beliebtheit wie als lebendiges Haustier.

4.1.3. Duplessis und Marcel

Es ist fast ausgeschlossenen, Duplessis und Marcel losgelöst voneinander zu betrachten. Die beiden verbindet eine ganz besondere Freundschaft, die der Schwerpunkt meiner Betrachtungen im folgenden Abschnitt sein wird. Ähnlich wie im vorhergehenden Kapitel lässt sich diese Beziehung in „vor Duplessis' Tod" und „nach Duplessis' Tod" unterteilen. Die Beziehung zwischen Marcel und Duplessis vor dessen Tod ist für meine Betrachtungen von weniger Interesse und wird daher auf ein ausgewähltes Beispiel, das das Verhältnis der beiden charakterisiert, reduziert sein. In Bezug auf die Beziehung der beiden Figuren nach Duplessis' Wiederauferstehung möchte ich aufzeigen, inwiefern der Geist der Katze auch als das kinderpsychologische Phänomen „imaginärer Freund" verstanden werden kann.

Zunächst ist für die Zeit vor Duplessis' Tod festzuhalten, dass der Kater Marcel sehr mag. Im Moment seines Todes wünscht er sich, den Jungen noch einmal sehen zu dürfen: „Si le p'tit garçon qui sent le pipi séché passe, mon amour, ma vie, ma joie, au moins que j'le voye avant de mourir" (GF 112). Die Appositionen, mit denen Duplessis seinen Freund versieht, sind eindeutig Ausdrücke der Zuneigung. Die Worte „amour“, „vie“ et „joie“ sind scheinbar willkürlich angeordnet. Dennoch bringen sie zum Ausdruck, wie viel Marcel Duplessis bedeutet. Anfänglich wirkt es pathetisch, dass Duplessis diese Wörter in Verbindung mit einem kleinen Jungen gebraucht. Wenn man aber bedenkt, dass Duplessis eine Katze ist, sind diese Ausdrücke Zeichen der Liebe und Loyalität, die ein Tier für sein Herrchen empfindet. Der Begriff „vie“ deutet die Abhängigkeit des Katers an. Ein Haustier ist in gewisser Weise immer von seinem Besitzer abhängig, sei es in Bezug auf Futter, Hygiene oder Tierarztbesuch. Marcel ist zwar nicht Duplessis' Besitzer, aber der Umstand, dass Duplessis ihn mit „amour“, „vie“ und „joie“ in Verbindung bringt, unterstreicht den in 4.1.1. beschriebenen freien Willen der Katzen: Statt nach seiner Besitzerin Marie-Sylvia zu verlangen, hat Duplessis Marcel auserkoren, die letzte Person zu sein, die er vor seinem Tod sehen will.

Duplessis' Zuneigung für Marcel lässt auch nach seinem Tod nicht nach. Während die Katze sich bei den *tricoteuses* von ihrem Kampf mit Godbout erholt, wird seine Sehnsucht nach Marcel immer größer:

> C'est lui ! Mon amour ! Depuis le temps que je le sens rôder dans' maison pis que chus trop faible pour aller le trouver... là, y'est là ! [...] Ah ! y sent toujours aussi bon le pipi séché ! Que c'est qu'y'attend pour venir me prendre dans ses bras ! J'attends ça depuis tellement longtemps !“ (TP 303)

Wieder ist das „pipi séché“ das Merkmal, an dem Duplessis seinen Freund Marcel erkennt. Die Ansammlung von Ausdrücken, mit denen Duplessis den Jungen zu seinen Lebzeiten in Verbindung bringt, ist nun reduziert auf „mon amour“. Vermutlich ist das Phantom der Katze nicht mehr abhängig von „normalen“ Zuwendungen durch ihren Besitzer wie z.B. Fütterung. Demnach ist es folgerichtig, dass Duplessis nur noch von „amour“ spricht und seine Sehnsucht nach Berührung zum Ausdruck bringt. Nach seiner Erholungsphase wünscht Duplessis sich, endlich wieder von Marcel berührt zu werden. Bei der Formulierung dieses Wunsches kommt Duplessis' Ungeduld zum Ausdruck – er wundert sich, warum Marcel nicht sofort auf ihn zukommt und betont, dass er schon lange auf diesen Moment wartet. Marcels Reaktion auf Duplessis ist ähnlich – auch er freut sich, den Kater wieder zu sehen. Dies lässt sich daran erkennen, dass er Duplessis wie folgt wahrnimmt: „[...] son amour enroulé comme une boule soyeuse sur la porte du four“ (TP 303). Folglich nimmt Duplessis den gleichen Stellenwert für Marcel ein, den dieser für Duplessis einnimmt: Sie empfinden „amour“, sprich Liebe, füreinander.

Das Verhältnis zwischen Duplessis und Marcel verändert sich nach Duplessis' Tod – plötzlich kann die Katze mit dem Jungen kommunizieren. Zeitgleich scheint sie eine Lücke in Marcels Leben zu füllen. Der Junge wächst ohne Vater und somit ohne männliches Vorbild auf. Seine mit im Haus wohnenden Onkel dienen nicht wirklich als ein solches Vorbild – Gabriel ist mit seiner eigenen Familie beschäftigt, während Édouard in den ersten Bänden der *Chroniques* seine feminine Seite unterdrückt, später die Familie verlässt, um seine Transsexualität auszuleben. Somit ist Édouard zu sehr mit sich selbst beschäftigt, um Marcel ein adäquates Vorbild zu sein. Diese Aufgabe fällt damit dem Kater Duplessis zu. Er übernimmt kurzerhand die Erziehung des Jungen: „Et tout aussi naturellement, Duplessis avait commencé à éduquer Marcel à sa façon" (TP 340). Da Marcel zumindest in den ersten Bänden der *Chroniques* noch nicht in die Schule geht, ist er auf das angewiesen, was er Zuhause lernt. Dadurch, dass sein Vater nicht anwesend ist, kann er diese Funktion nicht übernehmen. Stattdessen bringt Duplessis Marcel die unterschiedlichsten Dinge bei. Zunächst unterschützt der Kater die *tricoteuses* in ihren Bemühungen, Marcel die Musik näher zu bringen (siehe dazu auch 4.2.2.):

> « Comment ça s'appelle, déjà ? J'm'en rappelle jamais… » « Ça s'appelle un piano. » « Un piano. C't'un beau mot… » « Oui. » « J'sais pas si a' n'en joue souvent. C'tait la première fois que je l'entendais. » « Moé aussi. » « Si j'y demande de me jouer la même chose qu'hier, penses-tu qu'a va pouvoir ? » « Ben oui niasieux, a' lisait tout ça dans un grand livre ! » « Traite-moé pas de niasieux, pis j'te traiterai pas de niasieux, c'est toute ! » (TP 339)

In diesem Auszug ist das Verhältnis von Duplessis und Marcel nicht ausgewogen. Sie scheinen eine wirkliche Lehrer-Schüler-Beziehung zueinander zu haben. Marcel scheint dies nicht Recht zu sein, andernfalls würde er Duplessis nicht darauf hinweisen, dass es ihm missfällt, als „niasieux", sprich Trottel, bezeichnet zu werden. Marcel versucht, das Gleichgewicht zwischen ihm und Duplessis wiederherzustellen, indem er dem Kater vorschlägt, dass keiner von beiden den jeweils anderen als „niasieux" bezeichnet. Anzumerken ist auch, dass der Premierminister Maurice Duplessis eine Vorliebe für Musik hatte: „Maurice adores opera. He is a connoisseur and is proud of his collection of 78 rpm record" (Paulin 60). Dieser biographische Aspekt spiegelt sich in dieser Situation andeutungsweise wider. Der Kater Duplessis weiß, dass das Musikinstrument, auf dem Mauve spielt ein Klavier ist und dass das Musikstück in einem Notenbuch festgehalten ist, was es der Klavierspielerin ermöglicht, das Stück immer wieder zu spielen.

Des Weiteren verbessert Duplessis Marcels Wortschatz: „Tu m'as montré le mot patience parce que j'en avais pas ; tu m'as montré le mot discrétion parce que j'en manquais tu m'as montré le mot mystère que je comprends toujours pas…" (DR 492). Die Versuche des Katers, dem Jungen neue Wörter beizubringen, sind teilweise erfolgreich, teilweise misslingt das Vorhaben. Während Marcel die Wörter „patience" und „discrétion" versteht und vermutlich auch in seinem Verhalten umsetzt, erschließt sich ihm das Wort „mystère" nicht. Dies könnte ein Hinweis darauf sein, dass Marcel die tiefere Bedeutung der *tricoteuses* und wahrscheinlich auch Duplessis' gar nicht versteht. Für Marcel ist es eigentlich unwichtig, ob er seine Freunde in allen ihren Dimensionen versteht. Für ihn ist eigentlich nur von Bedeutung, dass er diese Freunde hat und von ihnen lernen kann.

Duplessis' Rolle als Marcels Erzieher ist ein Hinweis darauf, dass die Katze ein so genannter Phantasiegefährte ist. Nach Weis wird dieses Phänomen in verschiedene Typen unterteilt. Eine dieser Typisierungen trifft auf Duplessis zu: „Phantasiegefährte Typ I – PG über dem derzeitigen Entwicklungsstand des Kindes" (Weis 247). Die Tatsache, dass Duplessis Marcel die unterschiedlichsten Dinge beibringt, zeigt, dass sein Entwicklungsstand über Marcels derzeitigem Entwicklungsstand steht. Die Bemühungen der unsichtbaren Katze laufen darauf hinaus, Marcels Entwicklungsrückstand aufzuholen und den Jungen auf sein Niveau zu bringen.

Sicherlich lässt sich als Argument gegen meine Theorie, dass es sich bei Duplessis um einen Phantasiegefährten im kinderpsychologischen Sinne handelt, anführen, dass es keinerlei Hinweise darauf gibt, dass Marcel sich die Gespräche mit der Katze nur ausdenkt. Dazu lässt sich sagen, dass die Erzählinstanz vielleicht nicht so verlässlich ist, wie sie es zu sein scheint. Dem Leser wird diese Information vielleicht vorenthalten, um den phantastischen Effekt aufrecht zu erhalten. Hinzukommt, dass Phantasiegefährten wie folgt entstehen:

> So schreibt z.B. Humboldt nicht, daß er die „*Phantasiegestalten*" gebildet hat, sondern daß diese „*sich in ihm gebildet*" haben. Aufschlußreich auch das Beispiel von Goudge, die angibt, wie sie ihren Phantasiefreund nicht erfand, sondern „*für sich fand*". Dessen plötzliches, ungewolltes Verschwinden ist ein überzeugender Beleg für die eingeschränkte Verfügbarkeit über ihn. (Weis 33)

Folglich findet ein Kind einen imaginären Freund, statt ihn zu erfinden. Für Marcel gestaltet sich dieser Prozess etwas schwieriger. Zunächst entdeckt er seinen schwer verletzten tierischen Freund Duplessis. Wenig später findet er das Tier lebendig im Nachbarhaus wieder. Duplessis füllt demnach zwei Lücken in Marcels Leben. Einmal ersetzt der Phantom-Duplessis den verlorenen tierischen Freund und dann nimmt er die Rolle des fehlenden Vaters ein. Genau diese Abwesenheit einer Vaterfigur und der Verlust des tierischen Spielgefährten schaffen eine der Grundlagen für einen Phantasiegefährten:

> Weitere stark belastende Ereignisse, die (Tiefen-)Psychologen als Bedingung von Phantasiegefährten gefunden haben, sind: Tod der Eltern, eines Familienmitgliedes oder eines Freundes, Verlust von Spielgefährten infolge eines Umzugs, ungewollte Stiefeltern. (Weis 262)

Was Marcels Vater beim Kriegseinsatz in Europa wirklich zugestoßen ist, bleibt zwar unklar, allerdings ist es eine Tatsache, dass er nicht aus dem Krieg zurückkehrt. Damit erhöht sich die

Wahrscheinlichkeit, dass Marcel einen Phantasiegefährten findet. Hinzukommt der Verlust des tierischen Freundes. Zwar zieht die Katze nicht weg, aber es dürfte für Marcel traumtisch gewesen sein, das schwer verletzte Tier zum *Parc Lafontaine* zu finden. Wenn man die möglichen Auslöser für einen Phantasiegefährten also großzügig auslegt, dann vereint Marcel bereits zwei Grundlagen für das kinderpsychologische Phänomen auf sich.

Dies sind aber nicht die einzigen Voraussetzungen für einen Phantasiegefährten, die Marcel erfüllt. Laut Weis tendieren Kinder mit den folgenden Merkmalen eher zu Phantasiegefährten als andere: „[…] Kinder mit einem Altersabstand von drei bis vier Jahren zum älteren oder jüngeren Geschwister […] Kinder mit einem großen Phantasiereichtum und Sprachvermögen […]“ (Weis 250). Der von Weis aufgeführte Altersunterschied zwischen Geschwisterkindern ist bei Marcel und Thérèse gegeben. Auch Phantasiereichtum lässt sich bei Marcel nachweisen. Wie in 3.2.2. aufgezeigt, schreibt er eigene Geschichten. Sein Sprachvermögen ist dafür groß genug. Demnach erfüllt er auch diese Bedingung. Unter diesen Gesichtspunkten lässt sich festhalten, dass es sich bei Duplessis durchaus um das kinderpsychologische Phänomen des Phantasiefreundes handeln könnte.

Mit zunehmendem Alter setzt bei Marcel ein Abnabelungsprozess ein, der mit Marcels Pubertät beginnt. Zu diesem Zeitpunkt besucht Marcel die Schule, wenn auch nur eine *classe auxilière*. Duplessis' Funktion als Lehrer nimmt von nun an ein Geistlicher ein. Hinzukommt das *enfant de la grosse femme*, das Marcel zusätzlich beschützt:

> […] personne n'avait jamais demandé à l'enfant de la grosse femme de veiller sur son cousin ; il le faisait instinctivement par pure magnanimité, conscient d'une responsabilité qu'il ne s'expliquait pas et à laquelle il faisait face même lorsque Marcel avait été particulièrement achalant […] (QL 827)

Demnach erfüllen jetzt andere Personen in Marcels Leben Duplessis' Aufgaben. In der Schule wird ihm alles beigebracht, was er für das Leben braucht. Sein Selbstbewusstsein wird nun vom *enfant de la grosse femme* gestärkt bzw. zumindest sorgt er dafür, dass die anderen Kinder Marcel in Ruhe lassen. Außerdem deutet sich so etwas wie eine Freundschaft zwischen Marcel und seinem Cousin an. Diese ist allerdings nicht so tief wie die zu Duplessis. Folglich kann der Kater Marcel nur noch die Geborgenheit bieten, die der Junge bereits aus der Freundschaft mit Duplessis kennt. Wegen Marcels isolierter Stellung unter den Kindern der *rue Fabre* ist diese Geborgenheit ein wichtiger Rückzugsort für ihn. Daher ist es auch nachvollziehbar, dass der Abnabelungsprozess von Duplessis anders als bei Weis beschrieben nicht plötzlich erfolgt, dafür ist er aber ungewollt. Duplessis' Verschwinden gestaltet sich langsam. Statt sofort gänzlich zu verschwinden, löst sich das Bild des imaginären Tieres langsam auf: „[…] il savait que Duplessis était un chat imaginaire qui parlait et qui avait même enseigné à Marcel une grande partie des choses qu'il savait, qu'une grande amitié les unissait depuis dix ans, mais qu'est-ce que des trous venaient faire là-dedans ?“ (QL 813/814). Zu diesem Zeitpunkt stellt Marcel fest, dass sein geliebter Freund erste Löcher aufweist. Sein Cousin leidet mit ihm und fragt sich natürlich, wie es kommt, dass das für ihn unsichtbare Tier plötzlich Löcher hat und wie diese sich auf Duplessis auswirken.

Zu Marcels Entsetzen verändert sich Duplessis aber weiter: „Les trous ont tout mangé Duplessis, j'vois juste ses yeux, à c't'heure !“ (QL 814). Das Verschwinden des Katers ist ein gradueller Prozess, dessen Verlauf einen ersten Höhepunkt erreicht, als von Duplessis nur noch die Augen zu sehen sind. Kurze Zeit später ist Duplessis ganz verschwunden: „J'm'ennuie de lui, si tu savais comme j'm'ennuie de lui ! C'était ma vie ! Y'avait juste lui qui comptait !“ (QL 815). Für Marcel ist dieser Abschied sehr schmerzhaft. Aus seinen Worten spricht Verzweiflung über den Verlust. Marcel geht sogar soweit zu sagen, dass Duplessis sein Leben war. Wie eingangs beschrieben verwendet der lebendige Duplessis ähnliche Worte, als er von Marcel spricht. Vor seinem Tod war der Junge sein Leben. In diesem Zusammenhang habe ich festgestellt, dass sich in dieser Bemerkung die Abhängigkeit des Katers widerspiegelt. Marcel äußert nun ähnliche Worte und wieder stehen sie für eine Abhängigkeitsbeziehung. Diesmal symbolisieren sie Marcels Abhängigkeit von Duplessis. Der Kater ist bis zu seiner Auflösung eine der wenigen Konstanten in Marcels Leben. Über Jahre war ihm die Phantom-Katze ein Freund, von dem er nie enttäuscht wurde, und Teil seines Lebens. Daher ist es nicht verwunderlich, wie schwer Marcel der Abschied von seinem Freund fällt. Die Abnabelung ist aber unvermeidbar, da Marcel in der Pubertät ist und keinen Begleiter beim Erwachsenwerden mehr braucht.

Für die Außenwelt stellt sich die Beziehung zwischen Marcel und Duplessis neben Erzählungen, denen kaum einer Glauben schenkt, auch in Bildern dar, die Marcel in der Schule malt. Ähnlich wie der Duplessis in Marcels Wahrnehmung verändert sich auch das gezeichnete Bild von ihm. Anfänglich sieht das Bild von Duplessis wie folgt aus: „Ça avait d'abord été un chat mal venu, carré, aux jambes filiformes et à la queue étrangement absente […]“ (QL 820). Marcel scheint nicht über genügend Talent zu verfügen, um ein ästhetisch ansprechendes Bild von Duplessis zu zeichnen, dennoch die Darstellung der Katze realistisch, den fehlenden Schwanz einmal außer Acht gelassen. Nachdem der Auflösungsprozess begonnen hat, spiegelt sich auch das in Marcels Bildern wider:

> Duplessis commençait à avoir des trous. Intrigué, il avait essayé de faire parler Marcel, le plus subtilement possible, évidemment, pour ne pas l'effaroucher, mais l'adolescent se dérobait toujours par une boutade : « J'ai le droit de mettre des trous où je veux, non ? » ou un silence renfrogné. Mais pendant le mois de mai et le mois de juin Duplessis s'était presque effacé. Et la veille le frère Martial avait trouvé au bas du dessin de Marcel un museau, deux yeux, deux oreilles pointues et une moustache. (QL 821)

Marcels Reaktion auf die Frage, warum Duplessis denn nun Löcher hätte, ist trotzig und lässt die Vermutung zu, dass er glaubt, noch immer die Kontrolle über seinen Freund zu haben. Die Gegenfrage, in der Marcel feststellt, dass er den gezeichneten Kater dort mit Löchern versehen kann, wo er möchte, hinterlässt zumindest Marcels Umwelt den Eindruck, dass er steuern könnte, wie sich Duplessis verändert. Dies könnten sowohl Signale aus Marcels Unterbewusstsein sein, die ihm andeuten, dass es Zeit ist, sich auf den Abnabelungsprozess einzulassen oder es sind Anzeichen dafür, dass Marcel verdrängt, dass er Duplessis tatsächlich verlieren könnte.

In der Psychologie dienen von Kindern gemalte Bilder auch als Indikator für psychische Störungen. Darstellungen von Menschen und menschenähnlichen Figuren sind hier Zentrum der Beobachtungen:

> Bei ihrer Menschendarstellung – Kathrin zeichnet ein Mädchen – vergißt sie ohne ersichtlichen Grund, Hände und Nase zu zeichnen. Nach Koppitz (1968) sind Weglassungen dieser Art bei fünfjährigen Kindern „emotionale Faktoren", die auf eine psychische Störung bzw. Anpassungsschwierigkeiten hinweisen. (Weis 213)

In seinen Zeichnungen lässt Marcel zunächst den Körper der Katze weg. Lediglich das Gesicht der Katze ist noch in seinen Zeichnungen zu sehen. Auch wenn Duplessis kein Mensch ist, sind seine Eigenschaften menschlich genug, damit die von Weis zusammengefassten Ergebnisse zutreffen. Das veränderte Bild der Katze lässt den Schluss zu, dass Marcel ähnlich wie das von Weis aufgeführte Beispiel an Anpassungsschwierigkeiten leidet. Einerseits hat er aufgrund seines absonderlichen Verhaltens (z.B.: durch sich in den *forêt enchantée* zurückziehen, durch das Sprechen mit unsichtbaren Personen) kaum Kontakte zu gleichaltrigen Kindern. Andererseits kann Marcel sich wahrscheinlich nicht an den Gedanken gewöhnen, in Zukunft ohne Duplessis leben zu müssen. Auch dies ist meiner Meinung nach eine Form von Anpassungsschwierigkeit.

Abschließend ist festzuhalten, dass anfänglich Marcels Verhältnis zu Duplessis das eines Menschen zu einem Haustier ist. Nach dem Tod und der Wiederauferstehung der Katze übernimmt sie die Erziehung des Jungen und füllt damit die Lücke, die das Verschwinden von Marcels Vater in dessen Leben hinterlassen hat. Zeitgleich ist dies ein Hinweis darauf, dass Duplessis ein so genannter imaginärer Freund (oder Phantasiegefährte) ist. Marcel erfüllt auch verschiedene andere Bedingungen für dieses Phänomen. Lediglich das atypische Verschwinden des vermeintlichen Phantasiegefährten (wobei dies noch kein Beweis für das Gegenteil ist, denn Weis betrachtet in seiner Dissertation nur repräsentative Beispiele) und der Umstand, dass Marcels Großmutter die Phantom-Katze auch sehen kann, lässt Zweifel an der Theorie, dass Duplessis Marcels Phantasiegefährte ist. Letztlich ist es genau dieser Zweifel, der die Deutungsmöglichkeiten wieder Richtung Phantastik lenkt.

Egal, ob es sich bei Duplessis nun um einen imaginären Freund oder ein ausschließlich phantastisches Element handelt, ist der Kater Marcels Begleiter auf dem Weg ins Erwachsensein. Er ist dem Jungen Freund und Berater. Folglich ist Duplessis' Verschwinden ein emotional schmerzhaftes Ereignis in Marcels Leben.

4.2. Die *tricoteuses*

4.2.1. Die *tricoteuses* als *destinatrices*

Gleich zu Beginn des ersten Bandes der *Chroniques* lernt der Leser vier Frauen kennen, die auf ihrem Balkon in der *rue Fabre* sitzen und stricken. Anfänglich scheint dies nichts Besonderes zu sein, doch nach und nach wird dem Leser bewusst, dass mehr hinter diesen vier Frauen steckt. Im Laufe der Lektüre wird klar, dass die Strickerinnen eng mit dem Schicksal der anderen Figuren verknüpft sind. Diese Funktion, in meiner Analyse eher mit dem französischen Wort „destinatrice" als dem deutschen Wort „Schicksalsgöttin" bezeichnet, wird das Zentrum der Betrachtungen in diesem Abschnitt meiner Analyse sein. Hierbei möchte ich aufzeigen, wie Tremblay Elemente der griechischen und römischen Mythologie wie die Moíren und Parzen im Kontext der *Chroniques* umsetzt.

Zunächst ist anzumerken, dass der Zusammenhang zwischen Florence, Violette, Mauve und Rose den Moíren, den Schicksalsgöttinnen aus der griechischen Mythologie ähnelt:

> La première file une laine : c'est la naissance ; la deuxième enroule la laine : c'est le déroulement de la vie; la troisième coupe la laine : c'est la mort. [...] Elles suivent et imprègnent de leurs volontés les péripéties de la guerre comme celles des accidents et des maladies. (*Les grandes figures de la mythologie* 140)

Das in den *Chroniques* umgesetzte Konzept lässt offen, welche der *tricoteuses* letztlich welchen Arbeitsschritt beim Stricken übernimmt. Auch Florence, die Mutter von Mauve, Violette und Rose, ist Teil der Mythologie: „On aura reconnu les trois Parques (latines) ou les Moïra (grecques) et leur mère, la Nuit, les divinités du Destin" (Sirois 320). Demnach setzt Tremblay in den *Chroniques* einen Stoff um, der traditionellerweise nicht zur „bagage culturel des Québécois de milieu populaire" (Brochu 2002: 144) gehört. Auf den Leser wirkt dieses Element der *Chroniques* zunächst befremdlich. Dennoch ist es ein wichtiges Merkmal der phantastischen Literatur:

> Against the background of this logical world, the narrator introduces a level of reality which rational man cannot accept. This world of superstition and myth, which contradicts the world of reason to which we are accustomed. The occurrence of the supernatural is often seen as a breach of the normal order of things. (Chanady 5)

Dieses Merkmal wird folglich durch die *tricoteuses* erfüllt, da der mythologische Stoff, den Tremblay hier in seine Romane einbindet, im Widerspruch zur rational erklärbaren Realität steht.

Um zu unterstreichen, dass es sich bei den *tricoteuses* tatsächlich um eine Form von Moíren oder Parzen handelt, möchte ich nun ihr spezielles Verhältnis zu Victoire und ihrer Familie darstellen. Die vier Frauen und die Familie aus dem Nachbarhaus sind auf eine besondere Art miteinander verbunden. Dies lässt sich wie folgt erklären: „[...] zunächst [hatte] jedermann seine individuelle Moira. Allmählich wurden diese M. personifiziert und ihre Vielzahl auf die Dreizahl beschränkt [...]“ (*Lexikon der griechischen und römischen Mythologie* 260). Die *tricoteuses* beeinflussen zwar nicht ausschließlich Victoires Familie, aber eine engere Bindung an sie als an andere Figuren ist deutlich erkennbar. Folglich vermischt Tremblay hier das Konzept der individuellen Moira und das der Dreizahl, indem er die drei Moíren und ihre Mutter in eine enge Verbindung mit Victoire und deren Familie setzt.

Ein Hauptmerkmal des angesprochenen Verhältnisses ist die Zeitspanne, seit der die *tricoteuses* Victoire und ihre Familie begleiten:

> « C’est drôle, partout oùsque j’ai été, partout oùsque chus restée, y’a toujours eu une maison vide à côté d’oùsque j’étais. Quand j’étais petite, à Duhamel, la maison à côté de chez nous était abandonnée pis mon pére voulait pas qu’on y alle. È’tait abandonnée, mais è’tait toujours propre comme une pognée de porte frottée avec du Brasso. Comme si quelqu’un en avait pris soin. (GF 84)

Bereits in Victoires Kindheit hat es ein scheinbar unbewohntes Nachbarhaus gegeben. Ihre Kindheit verbrachte Victoire in Duhamel und nicht in der *rue Fabre*. Die Situation im Montrealer Arbeiterviertel ist dennoch ähnlich, auch hier lebt Victoire in direkter Nachbarschaft zu einem angeblich verlassenen Haus: „C’est drôle, hein, Édouard, c’te maison-là a toujours été vide. Quand on est arrivés icitte, y’a quarante ans, c’tait vide, pis c’est encore vide. [...] Pis c’est toujours propre“ (GF 84). Dieser Zusammenhang zeigt, dass die *tricoteuses* nicht orts-, sondern personen- bzw. familiengebunden sind. Es besteht also eine offensichtliche Verbindung zwischen Victoire bzw. ihrer Familie und den *tricoteuses*. Aus Sicht der vier Frauen stellt sich dieses Verhältnis wie folgt dar:

« Moman, ça fait combien de temps qu'on est icitte ? » [...] « Moman, j'ai l'impression d'être arrivée icitte hier, pis pourtant j'me sus rappelé tout d'un coup, t'à l'heure, qu'on a vu Gabriel, pis Édouard, pis Albertine venir au monde... pis... » [...] Moman, j'me rappelle même quand Victoire est venue au monde ! C'est la première fois que ça m'arrive, mais j'm'en rappelle ! On vivait à'campagne, dans ce temps-là, on restait à côté de chez sa mère, comme aujourd'hui on reste à côté de chez eux... Moman... Moman, j'me rappelle d'avoir vu la mère de Victoire venir au monde ! » (GF 62)

Aus Violettes Fragen an ihre Mutter ist ersichtlich, dass die vier Frauen Victoires Familie bereits seit mehreren Generationen begleiten. Gleichzeitig bringt Violette zum Ausdruck, dass die Erinnerung an diesen Umstand für sie nichts Alltägliches ist, sondern sie vielmehr überraschend heimsucht. Offenbar ist die Erkenntnis, wie lange sie Victoires Familie schon begleitet ein Schock für sie. Daraus lässt sich schließen, dass Violette sich bis zu diesem Zeitpunkt ihrer Funktion gar nicht bewusst ist, ganz im Gegensatz zu ihrer Schwester: „« T'en rappelles-tu de tout ça, toé ? » Mauve la regarda à la dérobée sans arrêter le mouvement de ses mains. « Oui. On a toujours été là, Rose. Pis on s'ra toujours là. Tricote. Arrête pas. On est là pour ça. »" (GF 63). Mauve hebt sich hier von ihren Schwestern ab. Sie kann sich erinnern, stellt ihre Funktion aber nicht in Frage. Sie fordert ihre Schwester dazu auf zu stricken, da dies ihre Aufgabe ist. Seit sie existieren, sind die vier Frauen da, um zu stricken.

Allerdings stricken die vier Frauen nicht irgendetwas, sondern immer das gleiche: Babysöckchen. Sie sind das erste, was Neugeborene brauchen und stehen somit für den Beginn eines neuen Lebens. Perfektion ist dabei nicht das angestrebte Ziel der *tricoteuses*:

« Faut jamais retourner en arrière. On est là pour que toute aille vers l'avant. Ce qui est tricoté est tricoté même si c'est mal tricoté. » [...] « C'est-tu la première fois, aujourd'hui ? » Florence avait posé sa question d'une voix inquiète, presque tremblante. « Oui, moman. Inquiétez-vous pas. J'ai rien défaite. » (GF 62)

Der Umstand, dass die Söckchen nicht verändert werden dürfen, selbst wenn sie nicht gut gestrickt sind, unterstreicht noch einmal ihre Bedeutung für das Leben eines der Anwohner der *rue Fabre*. Schlecht gestrickte Babysöckchen stehen damit für die Tatsache, dass im Leben nicht immer alles reibungslos abläuft. Florences Anweisung, dass eine schlecht gestrickte Socke niemals aufgelöst und erneut gestrickt werden darf, steht für den Umstand, dass nichts im Leben rückgängig gemacht werden kann. Eine fehlerhafte Socke erneut zu stricken ist ein aktiver Eingriff in das Leben der Person, mit der eben diese Socke verbunden ist. Aus Florences Haltung lässt sich erkennen, dass sie eben diesen Eingriff möglichst klein halten will. Als Umkehrschluss ergibt sich daraus, dass die *tricoteuses* nur dadurch einen Beitrag zum Leben einer weiteren Person leisten, indem sie stricken. Das Ergebnis ihrer Arbeit stellt also das Schicksal einer anderen Person dar. Statt also aktiv beispielsweise bestimmte Farben und Muster zu verwenden und damit das Schicksal der jeweiligen Person aktiv zu beeinflussen, sind die *tricoteuses* darauf beschränkt, das jeweilige Söckchen so gut es geht zu stricken. Dabei hat die einzelne *tricoteuse* keine Möglichkeit, Fehler zu korrigieren, die sich beim Stricken eingeschlichen haben.

So kommt es auch, dass ein Söckchen, das Violette versehentlich zu einer Kugel strickt, den Tod der ehemaligen Prostituierten Ti-Lou nach sich zieht: „Florence avait sorti la boule de laine de sa poche, puis regardé Violette. « C'tait pas pour Duplessis, Violette. T'as tricoté la mort de quelqu'un d'autre. » Ti-Lou mourut debout comme elle l'avait souhaité" (GF 161). Aus Florences Feststellung spricht Überraschung darüber, dass die Kugel nicht wie erwartet Duplessis' Tod bedeutet. Daraus lässt sich wiederum schließen, dass die *tricoteuses* gar nicht wissen, welches „patte de bébé" zu welchem Anwohner der *rue Fabre* gehört.

Anders als im Fall von Ti-Lous Tod besuchen die *tricoteuses* Victoire persönlich, als deren Tod bevorsteht:

> Quand il vit qu'elles ne lui souriaient pas, Marcel se rappela de la chose qui rôdait dans la chambre et recula de quelques pas. « C'est pour ça qu'y viennent ! » [...] « Y s'en viennent-tu te chercher, grand-moman ? » [...] Elles attendaient sur le balcon, droites et immobiles, sérieuses et même quelque peu contrites aurait-on dit. « Y sonnent pas. Y'oseront pas sonner, ça réveillerait tout le monde, dans' maison... Si j'leur s'ouvre pas la porte, y pourront pas venir chercher grand-moman... » (DR 400)

Für Marcel ist es ein besonderes Schockerlebnis, dass die vier Frauen seine Großmutter im Moment ihres Todes persönlich abholen, da sie ja seine Freundinnen sind. In seiner kindlichen Naivität glaubt er, den bevorstehenden Tod seiner Großmutter verhindern zu können, indem er den *tricoteuses* einfach die Tür nicht öffnet. Trotz seines Widerstandes nehmen die *tricoteuses* Victoires Seele mit. Hier greifen die vier Frauen also aktiv in das Leben eines Menschen ein, ohne dass Bezug auf die Babysöckchen, mit denen sie sonst das Schicksal ihrer Umwelt beeinflussen, genommen wird.

Der Verlust seiner Großmutter geht für Marcel nicht nur mit einem Schock, sondern auch mit großer Enttäuschung einher. Die *tricoteuses* haben ihm erklärt, dass die Seele nach dem Tod davon schweben wird. Er selbst hat aber nichts gesehen: „Il ne trouva pas ce qu'il cherchait et se tourna vers les quatre femmes qui avaient toujours la tête baissée. « Vous m'avez menti ! J'ai rien vu ! J'ai rien vu pantoute ! Son âme s'est pas envolée ! Son âme est restée poignée en dedans ! »" (DR 403). Marcels Enttäuschung über das aus seiner Sicht nicht eingehaltene Versprechen ist nur allzu verständlich, kann aber von Florence abgewendet werden: „Florence lui ferma doucement les yeux comme s'il avait lui-même été la morte. « C'tait ça, son âme ! »" (DR 404). Sie macht ihm so noch einmal bewusst, dass das, was er kurz zuvor gesehen hat, Victoires Seele war. Somit hat Marcel keinen Anlass, enttäuscht zu sein.

Das wiederhergestellte Vertrauen veranlasst Marcel dazu, die *tricoteuses* darum zu bitten, ihm seine Großmutter wiederzugeben. Dazu wagt er folgenden Vorstoß:

> « Allez-vous me redonner ma grand-mère comme vous m'avez redonné mon chat ? » [...] Marcel, pis j'te réponds toujours la même chose : tu la reverras pus, ta grand-mère. Est... est pas ici... » « Pourquoi ? Vous m'avez ben remis Duplessis ! » [...] « Duplessis. C'tait pas pareil. Y'était juste... malade. Ta grand-mère est partie pour de bon. » (DR 488/489)

Die vier Frauen haben ihm einst den Kater Duplessis zurückgegeben. Daraus schlussfolgert Marcel, dass sie das auch mit Victoire tun könnten. Florences Begründung, warum dies nicht möglich sei, ist fadenscheinig und lässt die dreifache Mutter unsicher wirken. Wie in Kapitel 4.1. beschrieben, spielt Duplessis eine wichtige Rolle in Marcels Leben – stellenweise sogar eine wichtigere als seine Großmutter. Florences wenig überzeugende Begründung dafür, warum Duplessis zurückkehren durfte, lässt darauf schließen, dass sie Marcel gegenüber nicht preisgeben will, welche Bedeutung Duplessis zukommt. Sie weiß vermutlich, dass der Junge den Kater zu diesem Zeitpunkt noch braucht, kann es ihm gegenüber aber nicht zugeben. Der Grund hierfür könnte sein, dass Florence Marcel nicht zutraut, ein solches Geheimnis für sich zu behalten. Es würde dem Unverständnis, das andere Familienmitglieder (mit Ausnahme von Victoire und Josaphat) Marcel entgegenbringen nur weiteren Auftrieb geben und die Vermutung, dass der Junge geisteskrank sei, nur nähren.

Ein weiteres Merkmal, das häufig in der phantastischen Literatur auftaucht, ist u.a. das Konzept der Unsichtbarkeit: „Tatsächlich bieten viele größere Arbeiten Rubrizierungen ‚phantastischer' Themen an. Genannt werden: ‚der Teufel und seine Verbündeten', ‚Geister', ‚Vampire', ‚Werwölfe', ‚Unsichtbarkeit', ‚Hexerei', ‚belebte Statuen' usw." (Durst 206). Auch dies trifft zumindest teilweise auf die *tricoteuses* zu: „« Moman, comment ça se fait que le chat de Marie-Sylvia est après jouer avec la laine de Violette... ? » [...] « Les chats peuvent nous voir. Les chats, pis, des fois, les fous. »" (GF 65). Die Anzahl der Figuren, die die *tricoteuses* sehen können, ist begrenzt. Neben Duplessis und Marcel wären da nur noch Victoire und Josaphat. Aus Florences Antwort geht hervor, dass Duplessis sie sehen kann, weil er eine Katze ist. Folglich müssen die anderen „des fous", sprich Verrückte, sein.

Mehrfach stellt sich Victoire die Frage, wie es kommt, dass ihr Bruder Josaphat, ihr Enkel Marcel und sie selbst die *tricoteuses* sehen können:

> Marcel les voit, lui aussi, le chat, pis les femmes ! Mais Marcel, y'est fou, Josaphat pas moé ! C'est pas un enfant ordinaire, Marcel, je l'ai toujours dit ! Ça veut donc dire que chus t'après virer folle moé aussi ! [...] Toé aussi, Josaphat, tu disais que tu voyais des affaires, quand t'étais p'tit! J'm'en rappelle, une fois, ma tante Zonzon t'avait dit de pus parler de ça sinon qu'a' t'enverrait à l'asile des fous pis t'en avais jamais pus reparlé... En vois-tu encore, des affaires de même, Josaphat ? As-tu passé toé aussi ta vie fou sans jamais le dire à personne ? C'est-tu de famille ? (TP 382)

Victoire fragt sich, ob es eine Art erbliche Geisteskrankheit ist, die die Schuld daran trägt, dass sie die vier Frauen sehen kann, die aus rein logischer Sicht nicht da sein dürften. Sie führt an, sich erinnern zu können, dass Josaphat als Kind darüber sprach, Dinge zu sehen und erst damit aufhörte, als ihm mit der Einweisung in die Psychiatrie gedroht wurde. Nun versucht sie herauszufinden, ob Josaphat wirklich nichts gesehen oder es nur vorgegeben hat, um nicht eingewiesen zu werden. Dies soll Victoire die Bestätigung dafür geben, dass sie nicht die einzige ist, die die *tricoteuses* sehen kann. Ihre Reflektionen verwirren den Leser absichtlich. Laut Durst ist die Frage danach, wer denn nun verrückt ist, ein wichtiges Merkmal der phantastischen Literatur: „Eine weitere Bekräftigung erfährt das reguläre System durch die Bemerkung des erwähnten Bürgers, daß nur kranke Menschen glaubten, Gespenster zu sehen, während der Ich-Erzähler wenige Seiten später sich selbst als krank bezeichnet" (Durst 373). Zwar handelt es sich bei der Erzählinstanz der *Chroniques* nicht um einen Ich-Erzähler, dennoch lässt sich Dursts Feststellung anwenden: Erst erwähnt Florence, dass nur Verrückte und Katzen sie und ihre Töchter sehen können, dann bekräftigt Victoire diese Aussage, indem sie es in Betracht zieht, dass es in ihrer Familie eine Geisteskrankheit gibt.

4.2.2. Die *tricoteuses* als *éducatrices*

Florence und ihre drei Töchter sind ein vielschichtiges phantastisches Element der *Chroniques*. Wie bereits aufgezeigt, können die *tricoteuses* als an den Quebecker Kontext angepasste Moíren verstanden werden. Des Weiteren haben Florences Töchter eine Begabung für das Musisch-Künstlerische. Dies äußert sich ganz besonders im Verhältnis der *tricoteuses* zu Marcel. Ähnlich wie Duplessis sind sie ihm Lehrerinnen. Mit ihrer Hilfe findet Marcel Zugang zur Musik und lernt, Klavier zu spielen. Diesen Aspekt werde ich im folgenden Kapitel betrachten. Dabei werde ich nicht nur darauf eingehen, wie die *tricoteuses* zu Marcels Bildung beitragen, sondern auch inwiefern seine Epilepsie eine mögliche Erklärung für seine Wahrnehmung von Bildern und Geräuschen sein könnte.

Wie bereits in Kapitel 4.2.1. angemerkt, begleiten die *tricoteuses* Victoires Familie bereits seit Generationen. Ihre Funktion als Lehrerinnen bzw. als *éducatrices* wie ich es bezeichnen möchte, da sie nicht im klassischen Sinn lehren, sondern einen Lernprozess begleiten, üben sie demnach auch seit Generationen aus. Erster namentlich erwähnter Nutznießer dieses begleiteten Lernprozesses ist Josaphat:

> Après long silence, Josaphat-le-Violon se mit à tout raconter à sa sœur : Rose, Violette, Mauve, leur mère, Florence ; leurs veilles immémoriales et leur éternel tricot ; la musique de Mauve, le chant de Violette, poésie de Rose ; les années qu'il avait passées avec elles, enfant, à Duhamel, à apprendre les légendes orales de leur pays, [...] Il lui vanta la beauté de tout ce qu'on ne peut pas comprendre et essaya de lui faire accepter la chance qu'ils avaient, eux, Victoire, Marcel et lui-même, Josaphat-le-Violon, de pouvoir goûter à tout ça alors que les autres étaient condamnés à la médiocrité de leur vie quotidienne. (TP 382/383)

Aus Josaphats Bericht geht hervor, dass jede der Schwestern ein Talent hat: Mauves Begabung liegt in der Musik, Violettes im Gesang und Roses in der Poesie. Über Jahre hinweg haben sie gemeinsam mit ihrer Mutter traditionelle Quebecker Erzählungen an Josaphat weitergegeben. Ich schließe darauf, dass es sich um Quebecker Erzählungen handeln muss, weil die *tricoteuses* das *joual* sprechen und weil sie im Zusammenhang mit Duhamel und dem Viertel Plateau Mont-Royal, somit ausschließlich quebeckischen Orten, erwähnt werden. Josaphat betrachtet es als hervorragende Möglichkeit, sein Wissen mit Hilfe der *tricoteuses* zu erweitern. Deshalb versucht er auch, seine Schwester davon zu überzeugen, dass es etwas Positives ist, die vier Frauen aus dem Nachbarhaus sehen zu können. Als Grund hierfür führt er die Tatsache an, dass jeder, der die *tricoteuses* sehen und von ihnen lernen kann, sich von den Durchschnittsmenschen abhebt.

Ähnlich wie sein Onkel kommt auch Marcel in den Genuss, von den *tricoteuses* unterrichtet zu werden:

> Il connaissait déjà très bien le salon pour y avoir passé des heures à écouter Florence lui raconter sa famille, ces générations d'humiliés ou de malotrus, tous descendants du même ancêtre venu de France parce que la guerre de Trente Ans avait dévasté son coin de terre au point où rien n'était plus reconnaissable dans son village : [...] (TP 301)

Florence erzählt die Geschichte von Marcels Familie. Es ist zwar verwunderlich, dass ausgerechnet die Nachbarsfrauen den Jungen darüber informieren, wie seine Vorfahren nach Quebec kamen, aber es unterstreicht noch einmal die Verbundenheit der *tricoteuses* mit Marcels Familie. Wie in 4.2.1. gezeigt, sind sie seit Generationen miteinander verbunden. Vermutlich reicht dieses Verhältnis bis zur Ankunft der Vorfahren in der damaligen *nouvelle France* zurück.

Wie seinem Onkel ist es Marcel nicht gestattet, das Erlernte mit seiner Umwelt zu teilen. Die bereits betrachtete Bemerkung Josaphats deutet an, dass es ihm egal zu sein scheint, dass er nichts von dem, was er von den *tricoteuses* gelernt hat, mit seinen Mitmenschen teilen darf. Offenbar vertraut er sein Verhältnis zu den vier Frauen in diesem Gespräch mit Victoire das erste Mal einem Menschen an. Für Marcel gestaltet sich dieser Aspekt des Lehrer-Schüler-Verhältnisses anders. Er wünscht sich nichts sehnlicher, als sein Wissen mit anderen teilen zu dürfen:

> De toute façon, tout c'que j'apprends icitte j'peux pas m'en servir parce que vous me le défendez ! Chus tanné d'apprendre des belles affaires qui me rendent heureux pis de pas avoir le droit de les sortir dehors ! [...] Chaque fois que j'apprends quequ'chose de nouveau, vous me dites après qu'y faut que j'garde ça pour moé ! Avant, vous me disiez que j'avais le droit d'en parler juste à grand-moman pis à mon oncle Josaphat mais depuis que grand moman est partie pis que mon oncle Josaphat vient pus nous voir, vous arrêtez pas de me dire de rien sortir d'icitte, d'attendre, de toujours attendre ! J'aime ça c'que j'fais icitte pis j'voudrais le montrer à tout le monde ! J'veux pus passer pour un niaiseux, à l'école ! (DR 491)

Marcels Wut darüber, das Gelernte nicht mit seiner Umwelt teilen zu dürfen, ist insofern verständlich, als dass er innerhalb seiner Familie und seines Freundeskreises als verrückt abgestempelt ist und demnach nicht ernst genommen wird. Hinzukommt, dass er eine *classe auxilière* besucht, was nur noch mehr zu seinem Minderwertigkeitskomplex beiträgt. Wenn Marcel das Erlernte präsentieren dürfte, könnte er mit seiner Umwelt gleichziehen. Er würde mit den Menschen in seinem Umfeld dann auf einer Stufe stehen und müsste sich nicht mehr von oben herab ansehen lassen. Anfänglich darf Marcel sich noch seiner Großmutter und seinem Onkel mitteilen, damit kann er zumindest hier das Vorurteil, dass er dumm sei, eindämmen. Nach Victoires Tod und mit Josaphats Fernbleiben fällt diese Möglichkeit weg. Zeitgleich besucht er die Schule, wo er von Gleichaltrigen umgeben ist. Ihm wird hier also noch einmal schmerzlich bewusst, wie seine Umwelt ihn wahrnimmt. Nach Außen wirkt Marcel wie ein Verrückter, der mit einer unsichtbaren Katze spricht. Nur er selbst weiß, dass dem nicht so ist. Daher wünscht er sich, das Wissen, das ihm die *tricoteuses* vermitteln, mit seinen Mitmenschen teilen zu dürfen und so das Vorurteil seiner Mitmenschen gegen ihn aus der Welt schafft. Dies ist ihm aber nicht möglich, weil Florence es ihm untersagt. Zunächst begehrt Marcel nur auf, indem er sich über die Ungerechtigkeit dieser Auflage beschwert. Im Laufe der *Chroniques* wird er aber in Albertines Gegenwart Klavier spielen. Allerdings bringt das nicht das von Marcel erhoffte Ergebnis. Albertine ist nicht wie erwartet stolz auf ihren Sohn, sondern fühlt sich von ihm gedemütigt. In Folge dessen unternimmt Marcel nicht noch einmal den Versuch, sein Erlerntes mit seiner Umwelt zu teilen.

Parallelen zwischen Josaphat und Marcel im Zusammenhang mit den *tricoteuses* werden auffällig oft gezogen. So brachte Mauve ihm seinerzeit bei, Geige zu spielen. In den *Chroniques* fasziniert sie Marcel mit ihrem Klavierspiel, bevor sie dazu übergeht, es ihm beizubringen: „« Mauve, a'l' a joué du piano, l'aut' jour, mon oncle... C'tait tellement beau ! » Josaphat passait un morceau d'arcanson sur son archet. « Dans mon temps, a' jouait du violon... » (TP 383). An dieser Textstelle lässt sich auch erkennen, dass Mauve das Instrument, das sie ihrem Schützling beibringt, individuell auswählt. Josaphats Bemerkung deutet aber auch auf eine Entwicklung der *tricoteuse* hin – damals spielte sie Geige, heute ist das Klavier ihr Instrument. Scheinbar hat Josaphat nie erfahren, dass Mauve beide Instrumente beherrscht. Abhängig von der jeweiligen Person spielt sie ausschließlich eines der Instrumente. Auch ihre Lehrtätigkeit beschränkt sich auf ein einziges Instrument. So bringt sie musikalische Varietät in die Familie.

Unabhängig davon, welches Instrument Mauve lehrt, gibt sie dabei nicht nur eine Fähigkeit, sondern auch ein Gefühl weiter:

> « La musique, Marcel, c'est un cadeau de la vie. Ça existe pour consoler. Pour récompenser. Ça aide à vivre. Les malheurs qui t'attendent, Marcel, pourront toujours être endormis, engourdis, presque oubliés à cause de la musique de Mauve. Quand tu voudras mourir de chagrin parce que quelqu'un aura été méchant avec toi, viens voir Mauve. [...] (TP 309)

Während seiner Zeit mit Mauve hat Josaphat die Erfahrung gemacht, dass Musik Trost bieten kann. Er behauptet sogar, dass die Musik ihm dabei helfen würde, zu leben. Hier lässt sich wieder eine Flucht vor der Realität feststellen. Daraus kann geschlossenen werden, dass er bereits als Kind ein Leben geführt hat, das einer Ausflucht bedurft hat. Vermutlich ging es ihm ähnlich wie Marcel. Deshalb gibt Josaphat ihm den Ratschlag, sich zu Mauve und ihrer Musik zu flüchten, wenn er großen Kummer hat.

Die Parallelen zwischen Josaphat und Marcel sind aber nicht zufällig. Sie könnten wieder auf das kinderpsychologische Phänomen „Phantasiegefährte" hinweisen, wie Weis' Untersuchungen zeigen:

> In diesem Zusammenhang ist auch die Aussage der achtjährigen Monika aus meiner Fallsammlung von Interesse, die als Grund für das Erfinden ihrer Phantasiegefährten (Clowns) angegeben hat: „Mein Vater, der hat auch solche Figuren, den Helli, den Dunkli, den Cremi, den Furzi, der furzt immer, und da hab ich eben auch welche erfunden." (Weis 264)

Es besteht also die Möglichkeit, dass Marcel die *tricoteuses* nur zu sehen glaubt, weil sein Onkel ihm in dieser Beziehung als Vorbild dient. Reduziert auf das Verhältnis zwischen Josaphat und Marcel könnte dies eine Erklärung dafür sein, warum beide Kontakt zu den *tricoteuses* haben. Bezogen auf das Gesamtwerk und hierbei besonders auf die Funktion der *tricoteuses* als Moíren trägt dieser mögliche Erklärungsversuch nur dazu bei, den Leser zu verwirren.

Ähnlich verhält es sich mit Marcels Epilepsie. Ohne auf die medizinischen Details eingehen zu wollen, muss angemerkt werden, dass es Epilepsie-Formen gibt, bei denen die Betroffenen Halluzinationen haben:

> In seinem im Jahre 1770 publizierten « Traité de l'Épilepsie » erwähnt Tissot einen durch Peiroux erstmals beschriebenen Patienten, der während epileptischen Anfällen kombinierte visuelle und auditive Halluzinationen hatte. Er glaubte, eine auf ihn zukommende Karosse zu sehen und auch den von ihr verursachten Lärm zu hören. (Karbowski 24)

In seinen weiteren Ausführungen stellt Karbowski ein Ergebnis seiner Forschungen dar, das Marcels Wahrnehmungen ähnelt: „Kombinierte visuelle und auditive Phänomene (z.B. sprechende oder singende Personen) traten bei 12 Patienten bei Stimulationen von 22 Punkten, ebenfalls im Bereich des Gyrus temporalis superior auf" (Karbowski 27). Wenn man Marcel isoliert betrachtet, könnte seine Epilepsie als Erklärung für seine Wahrnehmung dienen.

Betrachtet man die *tricoteuses* hingegen in ihrer Ganzheit kommen Zweifel auf, ob es für sie überhaupt eine rationale Erklärung gibt. Mit Ausnahme der von mir erwähnten Aspekte, die sich leicht widerlegen lassen, ist dies nicht der Fall. Allerdings ist der von Tremblay kreierte Zweifel, ob sich die *tricoteuses* rational erklären lassen oder nicht, ein wichtiges Merkmal der phantastischen Literatur:

> [...] das Schwanken des Lesers, ob sich das übernatürliche Geschehen doch rational erklären läßt oder ob er den Schritt zum Glauben an eine spirituelle Ordnung tun muß, die dem ganzen Geschehen wieder eine neue Kohärenz verleihen würde, braucht sich in der Perspektive des erlebenden Helden nicht wiederholen. (Penning 36)

Folglich muss der Leser selbst entscheiden, ob er an die Übernatürlichkeit der *tricoteuses* glauben möchte oder lieber an einer der rationalen Erklärungen festhält.

In einem ähnlichen Zwiespalt befindet sich das *enfant de la grosse femme*: Er sieht zwar keinen Zusammenhang zwischen Marcels Epilepsie und den *tricoteuses*, ist aber dennoch geneigt, an die Existenz der vier Frauen aus dem Nachbarhaus zu glauben. Er wünscht sich, wie Marcel Kontakte zu ihnen aufbauen zu können:

> « Moman... l'autre... y s'est offert, vous vous en rappelez ? Y serait prête à remplacer Marcel... » [...] « C'est rien que de Marcel qu'y faut s'occuper. [...] Mais l'autre... y serait obligé de toute inventer parce qu'y voit pas c'que Marcel voit... Victoire est partie, Josaphat-le-Violon va la suivre dans pas longtemps, y nous reste juste Marcel. Sinon... » [...] « Sinon, on va être obligé de sortir les tricots en espérant que Thérèse finisse par tomber enceinte... » (DR 571)

Aus dieser Textstelle geht hervor, dass die *tricoteuses* sich nicht für jemanden zu erkennen geben können, wenn dieser ernst gemeintes Interesse an ihnen zeigt. Florence zufolge sollen sie und ihre Töchter sich ausschließlich um Marcel kümmern, da er sich, im Gegensatz zum *enfant de la grosse femme*, nichts erfinden muss. Des Weiteren deutet sie an, dass den *tricoteuses* nach Josaphats und Victoires Tod nur noch Marcel bleiben wird. Aus ihrer Andeutung, dass sie nach Marcel auf ein Kind von Thérèse hoffen müssen, lässt sich schließen, dass es in Marcels Generation niemanden gibt, der ihn ersetzen könnte. Das *enfant de la grosse femme* kommt zu einer ähnlichen Schlussfolgerung: „Un élu ! Marcel était un élu et pas lui“ (QL 896). Der nur einmal namentlich erwähnte Junge hält Marcel für auserwählt. Während das *enfant de la grosse femme* sich den *tricoteuses* anbietet, weil er glaubt, dass sie ihn dann genauso in ihre Obhut nehmen könnten wie Marcel, geht aus Florences Bemerkung hervor, dass ihre Töchter und sie sich nur um die Personen kümmern, von denen sie auch gesehen werden können. Marcel ist daher ein Ausgewählter in dem Sinn, dass er die *tricoteuses* sehen kann, aber kein Auserwählter der *tricoteuses*, da sie keinen Einfluss darauf haben, wer sie sehen kann.

Davon ausgehend, dass das *enfant* der direkte Nachkomme der *grosse femme* ist, lässt sich Folgendes aus der Ablehnung durch die *tricoteuses* schließen: Wie in Kapitel 2.5. nachgewiesen, kann die *grosse femme* als personifizierter Fortschritt betrachtet werden. Damit ist ihr Kind symbolisch gesehen das Kind des Fortschritts. Die *tricoteuses* hingegen haben ihren Schützlingen Josaphat und Marcel Quebecker Traditionen gelehrt. Demnach sind sie eher konservativ geprägt. Das *enfant* kann daher kein Auserwählter sein.

Das Lehrer-Schüler-Verhältnis zwischen Marcel und den *tricoteuses* ist aber zeitlich begrenzt. Zu Marcels Überraschung macht Florence folgende Ankündigung: „T'auras pas toujours besoin de nous autres, Marcel, tu commences à voir par toé-même… […] tu vas continuer à nous voir, comme ton oncle Josaphat, mais t'auras pus besoin de nous autres pour fonctionner“ (DR 538). Ähnlich wie bei Duplessis setzt ein Abnabelungsprozess ein. Diesmal ist Marcel zwar vorgewarnt, aber die Trennung ist dennoch schmerzhaft für den Jungen: „T'as pus de corps, Duplessis, t'as pus de voix... La porte de la maison est barrée... Vous me rejetez pis j'veux savoir pourquoi !“ (QL 932). Es ist besonders tragisch für Marcel, dass er die *tricoteuses* und Duplessis quasi zeitgleich verliert. Seine empört-verzweifelte Forderung nach einer Erklärung ist daher verständlich. Eine solche Erklärung erhält er aber nicht. Vielmehr wird er vor vollendete Tatsachen gestellt:

> « Vous déménagez ! » […] L'adolescent sentit sa vie au complet sortir d'un seul coup de son corps en même temps que l'air quittait brusquement ses poumons. Il cracha, il vomit le souffle de connaissance qu'il avait reçu d'elles, de lui, et se sentit vide et ignorant comme lorsqu'il avait trois ans et qu'il les avait connus tous les cinq. Il redevint l'enfant zozoteux à qui on avait enlevé et remis son amour, en qui on avait plus tard déposé des merveilles ; il retrouva cet état d'ignorance d'où il était parti et se dit j'ai pus treize ans, j'en ai juste trois... z'ai zuste trois ans pis j'sais rien pis mon minou est parti, mon minou est mort, tué par le chien... Aidez-moé... On peut tout recommencer, si vous voulez… (QL 933)

Die Trennung von den *tricoteuses* erfolgt durch deren Umzug. Als Marcel in die Umzugsszene hineinplatzt, muss er sich – vermutlich aus Angst, seine Freundinnen zu verlieren – übergeben. Er erbricht erstaunlicherweise den „souffle de connaissance“, sprich das Wissen, das ihm die *tricoteuses* eingeflößt haben. Um sie von ihren Plänen abzubringen, täuscht Marcel vor, wieder ein Kleinkind zu sein. Er schlägt den vier Frauen sogar vor, den gesamten Lernprozess noch einmal von Vorne zu beginnen.

Trotz dieser Bemühungen schafft es Marcel nicht, die *tricoteuses* davon abzuhalten, ihn zu verlassen. Die Trennung veranlasst ihn zu einer extremen Handlung: „ « C'est pas grave. Le feu détruit aussi les tricots. » Une légère fumée commençait à s'élever du passé de Marcel“ (QL 954). Nachdem die *tricoteuses* das Haus verlassen haben, zündet Marcel es an. Ihm ist bewusst, dass das Feuer alles zerstören wird – auch die mit dem Schicksal verknüpften Handarbeiten. Wider Erwarten bedeutet dieses Feuer aber nicht den Tod aller Bewohner der *rue Fabre*. Es ist vielmehr der Schlusspunkt einer langen Verbundenheit zwischen den *tricoteuses* und Victoires Familie. Vermutlich zwingt die Erkenntnis, dass die *tricoteuses* und damit die Werte, für die sie stehen, unwiederbringlich sind, Marcel zu dem radikalen Schritt, dass Haus anzuzünden. Einerseits kommt hier seine Verzweiflung und seine Wut zum Ausdruck. Andererseits schafft er sich durch den klaren Schnitt mit der Vergangenheit eine Grundlage für die Zukunft.

Über die Familie hinaus kann das Feuer im Haus der *tricoteuses* als beginnende *révolution tranquille* betrachtet werden. Statt weiterhin an Werten zu hängen, die eine Entwicklung in Richtung Fortschritt behindern, werden Reformen durchgeführt, um Quebec ins moderne Zeitalter zu führen. Marcel nimmt hierbei eine ambivalente Funktion ein: Einerseits steht er mit seinem Widerstand dem Umzug der *tricoteuses* gegenüber für die reaktionären Kräfte, die die Reformen verhindern wollten. Andererseits löst er das Feuer aus, das den Bruch zwischen den Überbleibseln der Vergangenheit (symbolisiert durch die *tricoteuses* und ihr Haus) und der Gegenwart bzw. Zukunft herbeiführt. Das Haus der *tricoteuses* wird bei dem Feuer aber nicht vollständig zerstört. Es bleibt somit eine Erinnerung an die *tricoteuses* und die mit ihnen verbundenen Werte stehen. Eine Rückkehr in den Urzustand ist ausgeschlossen, da das Haus nach dem Umzug der vier Frauen unbewohnt ist, aber die Werte, die sie verkörpern, bleiben unvergessen. Das zurückbleibende Haus steht damit für die Quebecker Werte, die nicht in Vergessenheit geraten sollen, aber abgelegt werden müssen, um der *révolution tranquille* den Weg zu ebnen.

5. ZUSAMMENFASSUNG

Nach eingehender Analyse lässt sich für die *Chroniques* festhalten, dass Tremblay hier eine Familiegeschichte in den sozialen und historischen Kontext der 1940er und 1950er Jahre integriert. Parallel zu diesem realistischen System existiert ein zweites, phantastisches System. In direkter Nachbarschaft zu den „normalen" Figuren leben vier Frauen, die als quebeckische Umsetzung des mythologischen Stoffes der Moíren oder Parzen verstanden werden können. Hinzukommt der Kater Duplessis, der durch seinen Tod vom realistischen System in das phantastische System wechselt. Ein weiteres Verbindungsglied zwischen den beiden Systemen ist Marcel, der ursprünglich aus dem realistischen System stammt, aber stark durch das phantastische System beeinflusst ist. Sowohl die *tricoteuses* als auch Duplessis übernehmen eine Zeit lang seine Erziehung. Im Gegensatz zu Duplessis ist Marcels Wechsel zwischen den Systemen aber nicht endgültig. Er ist Teil beider Systeme und kann zwischen ihnen wechseln, bis zu dem Zeitpunkt, als die *tricoteuses* umziehen und Duplessis beginnt, sich aufzulösen. Allerdings ist Marcel eine ambivalente Figur: Einerseits wird das phantastische System dadurch bekräftigt, dass seine Großmutter und sein Großonkel die gleichen Wahrnehmungen haben wie er selbst. Andererseits wird das phantastische System dadurch in Zweifel gezogen, dass mehrfach erwähnt wird, dass Marcel geisteskrank sein soll. Des Weiteren trägt auch seine Epilepsie zu diesen Zweifeln bei.

Neben diesen beiden Systemen existiert in den *Chroniques* noch ein drittes System, nämlich die Phantasiewelt der Figuren. Dieses dritte System ist hat zwei Aufgaben: Einmal dient es als Parallelwelt. Genau dorthin ziehen sich die Figuren zurück, wenn die Realität sich wieder einmal unerträglich für sie gestaltet. Für diese Funktion des dritten Systems ist die Intertextualität von großer Bedeutung, da die Figuren sich entweder in Romane (hierbei vorzugsweise französische Autoren) hinein imaginieren oder sich selbst Geschichten ausdenken. Außerdem sind Träume Teil dieses dritten Systems. Tagträume übernehmen hierbei die gleiche Funktion wie die Literatur: Sie dienen als Flucht für dem realistischen System. Nachtträume hingegen dienen in Simones Fall dazu, die ihr widerfahrene Ungerechtigkeit auszugleichen, während sie in Édouards Fall einen fast schon prophetischen Charakter haben. Unter traumdeuterischen Gesichtspunkt offenbart sich in Édouards Traum sein Wandel zur Kunstfigur *la duchesse* und der Umgang der Gesellschaft mit eben dieser Figur.

Hauptaugenmerk der *Chroniques* liegt trotz alledem auf dem Verhältnis zwischen dem phantastischen und dem realistischen System. Laut Piccione ist dieses Verhältnis wie folgt geprägt: „L'univers fantastique se construit en dehors ou à côté du réel, mais certainement pas contre lui" (Piccione 61). Nun ließe sich argumentieren, dass das phantastische System sich gegen das realistische stellt, als Ti-Lou und Victoire sterben. Im ersten Fall ist eine falsch gestrickte Socke schuld. Im zweiten Fall suchen die *tricoteuses* Victoire persönlich auf, um sie auf ihrem letzten Weg zu begleiten. Dennoch hat Piccione Recht, denn der Tod ist Teil des Schicksals, das Florence und ihre Töchter mit ihren Babystümpfen stricken. Ihre Aufgabe besteht aber lediglich darin, die Söckchen zu stricken. Florence ermahnt ihre Töchter wiederholt, das Gestrickte im Nachhinein nicht zu verändern. Folglich führen die *tricoteuses* nur etwas Unvermeidliches aus und stellen sich nicht aktiv gegen das realistische System.

Brochu schlussfolgert hierzu: „On retrouvera le fantastique dans les Chroniques, mais il sera intégré au contexte social et à une problématique quotidienne très *locale*" (Brochu 2002: 19). Dies ist zutreffend, da die *tricoteuses* in direkter Nachbarschaft zu den anderen Figuren im Montrealer Arbeiterviertel Plateau Mont-Royal leben, den dort vorherrschenden Soziolekt sprechen und sowohl Josaphat als auch Marcel Kenntnisse über die Quebecker Vergangenheit vermitteln.

Quantitativ betrachtet überwiegen in den *Chroniques* die realistischen Elemente. Das Phantastische beschränkt sich auf die *tricoteuses* und je nach Rezipient auch auf Duplessis. Trotzdem vereinen sie einige realistische Merkmal, wie z.B. die Sprache und das Umfeld, auf sich, wodurch der realistische Effekt verstärkt wird. Ich persönlich halte Duplessis weniger für ein phantastisches Element als für das kinderpsychologische Phänomen „Phantasiegefährte", da er meiner Meinung nach genügend Merkmale dieses Phänomens auf sich vereint. Eine unverlässliche Erzählinstanz verwehrt dem Leser aber den Hinweis darauf, dass der sprechende, unsichtbare Duplessis sich nur in Marcels Vorstellungskraft befindet. Für die Zeit vor dem Tod der Katze lässt sich, mit Ausnahme der Tatsache, dass der Leser Einblick in Duplessis' Gedanken erhält, nichts Ungewöhnliches feststellen.

In Bezug auf die *tricoteuses* kann angemerkt werden, dass sie einige Merkmale des Phänomens „Phantasiegefährte" erfüllen. Des Weiteren könnten sie eine Folge Marcels Epilepsie sein. Es besteht die Möglichkeit, dass Florence und ihre Töchter lediglich eine Halluzination sind, wie sie bei einigen Epileptikern auftreten. Der Versuch, eine rationale Erklärung für die *tricoteuses* zu finden, scheitert daran, dass keine der aufgeführten Möglichkeiten es schafft, sämtliche Zweifel auszuräumen.

Alles in allem lässt sich für *Les Chroniques du Plateau-Mont-Royal* festhalten, dass sich aus Marcels Sicht eine rationale Erklärung für Duplessis finden lässt. Er ist ein Phantasiegefährte, der die fehlende Vaterfigur in Marcels Leben füllt. Was die *tricoteuses* betrifft, lässt sich keine eindeutige rationale Erklärung finden. Sie sind daher unter jedem Gesichtspunkt als phantastisches Element anzuerkennen. Meiner Meinung nach integriert sich das phantastische System so in das realistische System, dass das dominierende realistische System nicht aufgehoben wird. Die Co-Existenz und Interaktion beider Systeme hält den Leser vielmehr dazu an, rationale Erklärungen finden zu wollen. Im Fall von Duplessis wird er auch fündig. Lediglich in Bezug auf die *tricoteuses* bleibt ein Zweifel. Nichtsdestotrotz bleibt der realistische Effekt aufrechterhalten.

Bibliographie

- Primärliteratur

Tremblay, Michel. *La Grosse Femme d'à côté est enceinte. Les Chroniques du Plateau-Mont-Royal.* Hg. Michel Tremblay. Arles: Leméac/Actes Sud, 2000 (1978). 7-187.

Tremblay, Michel. *Thérèse et Pierrette à l'école des Saints-Anges. Les Chroniques du Plateau-Mont-Royal.* Hg. Michel Tremblay. Arles: Leméac/Actes Sud, 2000 (1980). 187-393.

Tremblay, Michel. *La Duchesse et le Roturier. Les Chroniques du Plateau-Mont-Royal.* Hg. Michel Tremblay. Arles: Leméac/Actes Sud, 2000 (1982). 393-601.

Tremblay, Michel. *Des nouvelles d'Edouard. Les Chroniques du Plateau-Mont-Royal.* Hg. Michel Tremblay. Arles: Leméac/Actes Sud, 2000 (1984). 601-781.

Tremblay, Michel. *Le Premier Quartier de la lune. Les Chroniques du Plateau-Mont-Royal.* Hg. Michel Tremblay. Arles: Leméac/Actes Sud, 2000 (1989). 781-963.

Tremblay, Michel. *Un objet de beauté. Les Chroniques du Plateau-Mont-Royal.* Hg. Michel Tremblay. Arles: Leméac/Actes Sud, 2000 (1997). 963-1173.

- Sekundärliteratur

Allard, Jacques. „Montréal le samedi 2 mai 1942: *la grosse femme d'à côté est enceinte*, de Michel Tremblay." *Voix et images* 4 (1978): 537-540.

Allen, Graham. *Intertextuality*. London: Routledge, 2000.

Barrette, Jean-Marc. *L'univers de Michel Tremblay – dictionnaire des personnages*. Montreal: P de l'U de Montréal, 1996.

Brochu, André. *Rêver la lune – L'imaginaire de Michel Tremblay dans les Chroniques du Plateau Mont-Royal*. Montreal: Hurtubise HMH, 2002.

---. „D'une lune l'autre ou les avatars du rêve." *Le monde de Michel Tremblay Tome 2 – Romans et Récits.* Hgg. Gilbert David und Pierre Lavoie. Carnières: Lansman, 2005. 31-45.

Brown, Craig, und Paul-André Linteau. *Histoire générale du Canada.* Montreal: Éditions du Boréal, 1990.

Chanady, Amaryll Beatrice. *Magical realism and the fantastic – resolved versus unresolved antinomy*. New York: Garland, 1985.

de Lamirande, Claire. "Un immense roman populaire." Rez. von *La duchesse et le roturier*, von Michel Tremblay. *Le Droit* 20.11.1982: 18.

Drolet, Daniel. "Un assortiment étonnant." Rez. von *La duchesse et le roturier*, von Michel Tremblay. *Le Droit* 13.11.1982: 26.

Durst, Uwe. *Theorie der phantastischen Literatur*. Berlin: Hopf, 2007.

Eibl, Doris. „Die frankokanadische Literatur der Gegenwart." *Kanadische Literaturgeschichte.* Konrad Groß, Wolfgang Klooß und Reingard M. Nischik. Stuttgart: Metzler, 2005. 336-359.

Emond, Maurice. „Le fantastique du XXe siècle." *Littérature de langue française en Amérique du Nord.* Hg. André Maindron. Poitiers: la licorne, 1993. 147-155.

Engel, Manfred. „Geburt der phantastischen Literatur aus dem Geiste des Traumes? Traum und Phantastik in der romantischen Literatur." *Phantastik – Kult oder Kultur? Aspekte eines Phänomens in Kunst, Literatur und Film.* Hgg. Christine Ivanovic, Jürgen Lehmann und Markus May. Stuttgart: Metzler, 2003. 153-171.

Ertler, Klaus-Dieter. *Kleine Geschichte des frankokanadischen Romans.* Tübingen: Narr, 2000.

Godbout, Joseph-Adélard. Ed. Jean-Guy Genest. 2008. L'Encyclopédie canadienne, Fondation Historica du Canada. 06. März 2008 <http://www.canadianencyclopedia.ca/PrinterFriendly.cfm?Params=f1ARTf0003291>

Hallen, Otto. „Dreamy states, olfaktorische und Geschmackshalluzinationen epileptischer Genese." *Halluzinationen bei Epilepsien und ihre Differentialdiagnose.* Hg. Kazimierz Karbowski. Bern: Huber, 1982. 52-58.

Hennlein, Elmar. *Religion und Phantastik – Zur Rolle des Christentums in der phantastischen Literatur.* Essen: die blaue eule, 1989.

Hienger, Jörg. „Genre und Medium – Zur Phantastik in der Unterhaltungsliteratur und im Erzählkino." *Phantastik in Literatur und Film.* Hgg. Wolfgang Buddecke und Jörg Hienger. Frankfurt/Main: Lang, 1987. 11-33.

Holländer, Hans „Das Bild in der Theorie des Phantastischen." *Phantastik in Literatur und Kunst.* Hgg, Christian W. Thomsen und Jens Malte Fischer. Darmstadt: Wissenschaftliche Buchgesellschaft, 1980. 52-79.

Jehmlich, Reimer. „Phantastik – Science Fiction – Utopie. Begriffsgeschichte und Begriffsabgrenzung." *Phantastik in Literatur und Kunst.* Hgg, Christian W. Thomsen und Jens Malte Fischer. Darmstadt: Wissenschaftliche Buchgesellschaft, 1980. 11-34.

Karbowski, Kazimierz. „Auditive und vestibuläre Halluzinationen epileptischer Genese." *Halluzinationen bei Epilepsien und ihre Differentialdiagnose.* Hg. Kazimierz Karbowski. Bern: Huber, 1982. 24-52.

Kaufmann, Anette. „Risse in der Film-Realität – Träume, Halluzinationen, Wahnvorstellungen.“ *Phantastik in Literatur und Film.* Hgg. Wolfgang Buddecke und Jörg Hienger. Frankfurt/Main: Lang, 1987. 119-141.

Wal. Ed. Renate Koch. 20.01.2008 (letzte Aktualisierung). Online Lexikon für Traumdeutung. 14.04.2008 <http://deutung.com/> (Suchbegriff: Wal)

Tremblay, Michel. Ed. Pierre Lavoie. 2008. L'Encyclopédie canadienne, Fondation Historica du Canada. 06. März 2008 <http://www.canadianencyclopedia.ca/Printer Friendly. cfm?Params=f1ARTf0008117 >

Laflèche, L.-F.-R. “The providential mission of the French Canadians.” *French-Canadian nationalism: An anthology.* Hg. Ramsey Cook. Toronto: Macmillan, 1969. 92-106.

Lehmann, Jürgen. „Phantastik als Schwellen- und Ambivalenzphänomen.“ *Phantastik – Kult oder Kultur? Aspekte eines Phänomens in Kunst, Literatur und Film.* Hgg. Christine Ivanovic, Jürgen Lehmann und Markus May. Stuttgart: Metzler, 2003. 25-41.

Linteau, Paul-André. *Quebec Since 1930.* Toronto: James Lorimer, 1991.

Mailhot, Laurent. „Michel Tremblay ou le roman-spectacle.“ *Ouvrir le livre.* Hg. Laurent Maihot. Montreal: Editions de l’Hexagone, 1992. 163-173.

Mathis-Moser, Ursula. „Leitlinien der Geschichte.“ *Kanadische Literaturgeschichte.* Konrad Groß, Wolfgang Klooß und Reingard M. Nischik. Stuttgart: Metzler, 2005. 173-177.

Matzker, Reiner. „Inszenierte Phantasie. Betrachtungen zur Bedeutung eines ästhetischen Kalküls.“ *Phantasie und Phantastik – Neuere Studien zum Kunstmärchen und zur phantastischen Erzählung.* Hg. Hans Schumacher. Frankfurt/Main: Lang, 1993. 10-19.

Metzner, Joachim „Die Vieldeutigkeit der Wiederkehr. Literaturpsychologische Überlegungen zur Phantastik.“ *Phantastik in Literatur und Kunst.* Hgg, Christian W. Thomsen und Jens Malte Fischer. Darmstadt: Wissenschaftliche Buchgesellschaft, 1980. 79-111.

Conquête. Ed. Dale Miquelon. 2008. L'Encyclopédie canadienne, Fondation Historica du Canada. 30. März 2008 <http://www.canadianencyclopedia.ca/PrinterFriendly.c fm?Params=f1ARTf0001857>

„Moíren.“ *Lexikon der griechischen und römischen Mythologie – mit Hinweisen auf das Fortwirken antiker Stoffe und Motive in der bildenden Kunst, Literatur und Musik des Abendlandes bis zur Gegenwart*, 7. Aufl. 1959.

„Moires/Parques.“ *Les grandes figures de la mythologie,* 1988

Monière, Denis. “Catching up with the modern age: Since 1945.” *Ideologies in Quebec: The historical development.* Hg. Richard Howard. Toronto: U of Toronto P, 1981. 228-86.

„Parzen." *Lexikon der griechischen und römischen Mythologie – mit Hinweisen auf das Fortwirken antiker Stoffe und Motive in der bildenden Kunst, Literatur und Musik des Abendlandes bis zur Gegenwart*, 7. Aufl. 1959.

Paulin, Marguerite. *Maurice Duplessis – Powerbroker, Politician*. Montreal: XYZ, 2002.

Penning, Dieter. „Die Ordnung der Unordnung. Eine Bilanz zur Theorie der Phantastik." *Phantastik in Literatur und Kunst*. Hgg, Christian W. Thomsen und Jens Malte Fischer. Darmstadt: Wissenschaftliche Buchgesellschaft, 1980. 34-52.

Piccione, Marie-Lyne. *Michel Tremblay, l'enfant multiple*. Talence: PU de Bordeaux, 1999.

Popovic, Pierre. „La rue fable." *Le monde de Michel Tremblay Tome 2 – Romans et Récits*. Hgg. Gilbert David und Pierre Lavoie. Carnières: Lansman, 2005. 45-63.

Conscription. Ed. Richard Jones und J.L. Granatstein. 2008. L'Encyclopédie canadienne, Fondation Historica du Canada. 30. März 2008 <http://www.canadianencyclopedia.ca/PrinterFriendly.cfm?Params=f1ARTf0001859>

Rioux, Marcel. *Quebec in Question*. Toronto: James Lorimer, 1978.

Joual. Ed. Sinclair Robinson. 2008. L'Encyclopédie canadienne, Fondation Historica du Canada. 01. April 2008 <http://www.canadianencyclopedia.ca/PrinterFriendly.cfm?Params=f1ARTf0004180>

Sautter, Udo. *Geschichte Kanadas*. München: Beck, 2000.

Schumacher, Hans. „Bemerkungen zu Initiationsstrukturen in Märchen und phantastischer Erzählung." *Phantasie und Phantastik – Neuere Studien zum Kunstmärchen und zur phantastischen Erzählung*. Hg. Hans Schumacher. Frankfurt/Main: Lang, 1993. 19-43.

Sirois, Antoine. „Délégués du Panthéon au Plateau Mont-Royal." *Voix et images* 7 (1982): 319-326.

Smith, André. „Michel Tremblay – La grosse femme d'à côté est enceinte." *Livres et auteurs québécois 1978* (1979): 80-84.

Stratford, Philip. "La grosse femme d'à côté est enceinte." Rez. von *La grosse femme d'à côté est enceinte*, von Michel Tremblay. *The Globe and Mail* 1979: Seite unbekannt.

Vachon, Georges-André. „L'enfant de la Grosse Femme." *Le monde de Michel Tremblay Tome 2 – Romans et Récits*. Hgg. Gilbert David und Pierre Lavoie. Carnières: Lansman, 2005. 63-81.

Weis, Thomas. *Phantasiegefährten im Kindesalter. Studien zur Einführung in die pädagogische Kinderforschung.* Diss. Eberhard-Karls-Univ. Tübingen, 1990.

Wyss, Ulrich. „Jenseits der Schwelle. Die Phantastik der anderen Welt.“ *Phantastik – Kult oder Kultur? Aspekte eines Phänomens in Kunst, Literatur und Film.* Hgg. Christine Ivanovic, Jürgen Lehmann und Markus May. Stuttgart: Metzler, 2003. 41-55.